子どもが元気になる無料塾

無料塾ひこざ出版会議 編集

地域型無料塾「ひこざ」の魔法力

さわらび舎

はじめに

無料塾「ひこざ」は、すべての子どもの学ぶ権利を守るために、地域住民が立ち上げ、自力で運営している「子どもの居場所」です。経済的な問題などを抱える地域の子どもが安心して集い学べる場として、２０１５年2月に開設しました。

学生や地域住民が無償ボランティアで運営しています。主な活動は学習支援です。地域の小学生・中学生を対象に、埼玉大学の学生が週2回（火曜日・金曜日）の学習支援活動をしています。継続を重視し、担任制1対1の学習指導が基本で、入塾要件は「小学4年生から中学3年生まで、経済的な事情などで塾に行っていない、自力で通塾できる」です。

学習支援の主力である埼玉大学の学生は、「ひこざらす。」という学内サークルを立ち上げています。独自にミーティングを開き、独立した存在として運営し、「ひこざ」への重要な提案をしてくれる頼もしい存在です。

無料塾「ひこざ」を開設してから4年が経ちました。塾生数は増加の一途をたどり、現在（２０１９年7月）は31人（小学生7人、中学生24人）です。施設の定員からすると超過密状態ですが、子どもたちは「楽しい」と通ってきます。

中にはおしゃべりし、ゲームをするだけで、まったく勉強をしようとしない子どもがいます。「勉強もしてみようか」と促しても「勉強やらない！」と強く拒否されることがあります。そんな時、学生たちは否定することなく、「今日はどうしたの、何かあったの？」「じゃあ、パズルでもする？」「宿題だけでもやっていけば」などと、寄り添いながら声をかけます。子どもたちの言葉にできない本心を引き出していくのは大学生ならではの力です。

入塾理由は主に「経済的な理由」ですが、「友だちに誘われた、楽しそう」と入る子どもも多く、一様ではありません。塾生の学力・家庭環境などは様々で、スタッフも大学生から高齢者まで多様です。低学力、学習障害、不登校の子どもがごく自然に溶け込むのは、この多様性があるからだと思います。引きこもりだった小学生の男の子が大きな声でおしゃべりし、笑い、将来の夢を語ります。塾生の多くが「頭が良くなった」と学力の向上を実感しています。

学生と住民スタッフという教育素人集団が手探りで設立し、運営してきた無料塾「ひこざ」には何かを変えていく大きな「魔法力」が働いていると感じることが多々あります。

「無料塾」といえば、行政による生活保護家庭などを対象にした無料学習支援が多く、「ひこざ」のように地域住民が立ち上げ、運営する無料塾は少ないのが現状です。「〝無料〟って言うけど、行政からお金が出ているのでしょう？」「無料の学習支援はうちの市もやっているよ」などとよく言われます。自治体による学習支援も、大学生や地域住民などのボランティアが支援しているため混同されやすいのです。

「ひこざ」は、地域住民が自主的に立ち上げ、寄付や助成金を頼りに無償ボランティアでやっています。本書で「無料塾」と呼んでいるのは、自治体による無料学習支援ではなく、地域住民が自主的に立ち上げ、独自で取り組んでいる「地域型の無料塾」のことです。

「ひこざ」の見学者の中には「無料塾を立ち上げたい」という人も少なからずいますが、説明資料が揃っていないために、毎回、資料作りにバタバタします。初めての方には、設立のきっかけから運営方法、現状までを説明するのに時間がかかり、無料塾の楽しさ、子どもの変化など、無料塾の真髄に関わる大切なことをうまく伝えられない悔しさがありました。特に地域の多様性から生まれる無料塾の「魔法力」をうまく伝えたいと思っていました。そこで無料塾「ひこざ」の取り組みをまとめた資料を作ろうというのが、本書を発行する理由です。

まずは「ひこざ」の基本である「みんなでつくる」を原則に、編集委員会を設置して、実践記録の編纂を始めました。創立からの2年間は、とてもドラマチックで感動的だったと意見が一致し、その間の記録をまとめることにしました。

内容は、塾生の変化や成長を中心に、子ども、保護者、学生、地域団体、住民など、それぞれの立場から感じている無料塾の存在意義を紹介しています。なお、登場する塾生たちはすべて仮名にしています。設立までの経緯、地域の支援、運営経費など、無料塾の立ち上げに参考となることも収録しました。

本書の発行は無料塾に対する「必要としている子どもはいるの？」「無料で続けられるの？」という疑問への回答でもあります。我々の知る限りでは、地域型の無料塾はまだまだ少ないようです。その一方で、小さな「ひこざ」だけでは受け止めきれない入塾希望者がいます。埼玉に、全国に、もっともっとたくさんの地域型の無料塾が増えることを願っています。

CONTENTS

第1章

「ひこざ」とは どんなところ

「開塾日の様子」

早い時間（午後3時半〜6時）の「ひこざ」

晩秋の金曜日の午後4時過ぎ、玄関の戸が開く。トートバックを脇に抱えた女の子が静かに入ってくる。中学3年生の志穂さんだ。「いらっしゃい！」と声をかけたスタッフの顔を見て、はにかんだようにほほえむ。脱いだ靴を丁寧に揃え、小学6年生の信二くんが学習している授業室を抜けて控室に入ってくる。控室では、当番のスタッフ2人がおやつとお茶の用意をしている。

志穂さんは座卓に座り、おもむろに文庫本を取り出す。「麦茶どう？」「勉強は何時から？」という スタッフの声に顔を上げ、「いい」「5時から」と短く答え、また本に目を落とす。志穂さんは、1年生の時から学校の「さわやか相談室」へ登校しており、給食時間にだけ在籍するクラスに戻る。部活に参加していないので、早い時間から「ひこざ」に来ることができる。小さい時から口数が少なく、自己主張をすることがなかったと聞いている。「ひこざ」でも、志穂さんから話しかけることはほとんどなく、話しかけられれば小さな声で最小限度の答えを返す。いつも、学習支援担当の学生が来るまで、読書や趣味の切り絵の下書きなどをして楽しんでいる。

授業室の信二くんは6年生になってから不登校になった。午後5時から来る同じ学校の子と顔を合わせるのが辛いということで、学習は午後3時半に開始し、午後4時半には終了することになっている。学習支援はスタッフの石塚さん。信二くんはその後、中学入学を機に学校に登校するようになった。現在では「ひこざ」でも同級生と肩を並べて学習している。

信二くんも口数が少ないので、「ひこざ」の中は実に静かである。この時間帯は、児童養護施設で暮らす引きこもりの中学生男子、入学したが不登校が続いている高校生女子などが、地域の居場所としてやってくることが多い。学生と将棋をしたり、おしゃべりのついでに相談を持ちかけたりなど、必ずしも勉強するわけではない。

午後4時半を過ぎると「こんにちは」と、学生たちが来る。学生が座卓に座って話しかけると志穂さんの顔がパッと明るくなった。

午後5時前になると玄関の戸が次々に開き、にぎやかに小学生たちが登場する。担当の学生を見つけ「来たよ〜！」と声をかける。学生も笑顔で、「どこで（学習を）やる？」「今日は何をやりたい？」などと言いながら机に誘導していく。

時に、「ゲームが終わるまで待って」という子もいる。学習時間より早く来て友だちとトランプゲームの最中だ。「あと何分？」「20分」「だめ！勉強時間がなくなる」「じゃあ、10分」「よし、10分ね」。こんなやり取りの後、ようやく学習に入る子もいる。学生の辛抱強さに頭が下がる。しかし、よくしたもので、そんな子も次第にスッと学習に向かうように変わっていく。「無料塾マジック」と呼ぶスタッフもいる。

遅い時間（午後6時〜8時）の「ひこざ」

午後6時以降は中学生がほとんどを占める。学校からの直行組が多く、制服のまま大きな足音で駆け込んでくる。ほとんどが無言だ。スタッフが「いらっしゃい！」と声をかけると、あわてたように「こんにちは」「よっ！」と返してくれる子もいるが、多くはニッ！とはにかんだ笑いを浮かべて無言で入ってくる。出入り、授業の始め終わりに「あいさつをする規則が必要では」という意見がスタッフ内であったが、大人である学生やスタッフから積極的に声をかけることになった。やがて少しずつだが、自然なあいさつが聞かれるようになった。環境次第で、子どもは変わる。

遅い時間帯は中学生が集中する。人数が多いうえに、中学生になるとひときわ体が大きくなるので、人口密度がグッと上がる感覚がある。肩が触れるように座っても授業室だけでは入りきらず、控室まであふれる。

コンピューターゲームの好きな塾生がゲーム機を持ち込み、「もう少し、もう少し」とズルズル時間が過ぎ、学習時間に食い込むようになった。このことを学生サークル「ひこざらす。」がミーティングで議論した。「禁止」の規則を作ろうとの声もあったが、みんなで一緒に遊ぶ楽しさを積極的に知ってもらおうとの結論になり、ゲーム機を手にする塾生がいれば、学生が「一緒にトランプやろうよ」と声をかけることになった。その結果、コンピューターゲームは下火になっていった。塾生の遊びの主流は、もっぱらカードゲームで、学生が参加すると盛り上がるようだ。ときおり歓声が上がると、授業室から学生が顔を出し、「うるさいよ～、シッ！」と怖い顔をする。

中学3年生の塾生は10人。「ひこざ」では受験指導はしないことが原則であるが、秋が深まるころになると、学生もスタッフも「志望校に合格してほしい」という思いに縛られ、緊張感が漂う。それは塾生たちも同じだ。

1年生の時は「外国へ行かないから英語は要らないの」と言っていた女子が、3年生になったとたんに時間を惜しんで受験勉強をするようになった。「高校へ行きたい」と3年生になってから入塾してきた男子は、筆記用具だけ持って「ひこざ」へ来ることが多かった。秋になってもそれは相変わらずだったが、学習への意識と集中度に大きな変化があった。「さあ、勉強しよう」「ここが分からない、教えてくれ」と学生を急き立てるようになった。

10人それぞれながら、入学試験という関門に立ち向かう姿は真剣そのものである。最終学習時間4コマ目が終了する午後8時ごろ、中学3年生たちは学習後の充実感と解放感で高揚し、多弁になる。学生にちょっかいを出したり、おやつを食べながらおしゃべりしたり。外は日増しに寒くなる季節だが、「ひこざ」の中はしだいに熱くなる。

学習終了後(午後8時〜)の「ひこざ」

学習を終えた塾生が控室へ移動すると、授業室では掃除が始まる。学生がホワイトボードとマーカー、使用したテーブル、問題集などを片付ける。テーブルにかけたビニールクロスを玄関の外へ持ち出し、消しゴムカスを叩き落とす。スタッフが床のカーペットに掃除機をかける。

午後8時15分になると、「帰る時間だよ」「またな〜」などの学生の声に送られながら、塾生が帰っていく。担当の学生が玄関まで見送るのが習慣だが、話し足りない塾生が粘って、狭い玄関はにぎやかに混雑する。

掃除が終わり、塾生が帰った後、学生はそれぞれが担当している塾生について今日の学習記録を書く。塾生一人ひとりのファイルに50分の学習内容を2〜3行で簡単に記録するもので、学習の継続性を保つ目的がある。担当学生の覚書であると同時に、学習支援を代替する際の引き継ぎに役立つ。

手の空いた学生が、カフェ「むすび」の台所から軽食を控室へ運んできて、お茶やお菓子と一緒に座卓に並べる。カフェ「むすび」は「ひこざ」と同じ建物にあり、「ひこざ」とほぼ同時期に近くの主婦グループが立ち上げて運営している。手作りランチが人気のお店だ。

軽食は1人1個のおにぎりにちょっとした副食が付く。副食は、空揚げやフライなどの揚げ物もあれば、おでんや肉じゃがなどの煮物もある。一人暮らしの学生に配慮して野菜が多く、すべて手作りなのが特徴だ。活動が遅い時間にまで及ぶので、「せめて、おにぎりだけでも」と、開設当初から用意をしてきた。学生からは「塾生が食べていないのに」と遠慮する声もあったが、「ひこざ」スタッフの気持ちとして続けている。

最初はスタッフが自宅で作って持ち込んでいたが、カフェ「むすび」に委託できて楽になった。しかも塾が始まるころに、軽食を調理するいい匂いが漂う。「ひこざ」に「来た」というより「帰ってきた」という気分になる。多分、塾生や学生もそうではないかと思う。

軽食を口に運びながら「ひこざらす。」のミーティングが始まる。遅番のスタッフも参加し、連絡や調整事項だけでなく、その日の塾生の様子を報告し合う。気になることや担当だけでは対応が難しいことなどは、一人で抱え込まずに一緒に考えて解決しようという姿勢だ。時に10時を越え、結論は次回へ持ち越しということも少なくない。ミーティング内容を「ひこざらす。」のメンバー間はLINEで、「ひこざ」スタッフの間ではノートで共有している。

「学習支援事業」

対象者と内容

開塾日の流れを踏まえ、学習支援の内容をざっと紹介したい。

学習支援の対象年齢は小学4年生から中学3年生。入塾の要件は、塾や家庭教師などで学習支援を受けていないこと、自力で通塾ができることの2つである。入塾は申し込み順で、空きがあれば受け入れる。1対1体制なのでスペースに限りがあり、適正塾生数は10人以下だが、控室での学習や学習時間の調整などで、できるだけ受け入れ、30人近くになった。入塾希望者は待機者として登録し、空きが出たら受付順に入塾してもらうことになっている。

入塾の動機は、「(有料)塾に行けないから」「勉強が苦手だから」「不登校だから」「楽しそうだから」など様々である。結果、学校での授業が分からなくて困っている子、学校へ行けない子、希望する高校を目指して頑張る子、友だちとの遊びが楽しい子など、多様な子どもが通ってくる。

学習支援は、埼玉大学のサークル「ひこざらす。」の学生が中心であるが、午後4時台などの早い時間帯は地域住民である「ひこざ」スタッフが対応することもある。自習は自由なので、部活を引退するころになると早く来て学習する中学3年生もいる。

学習時間は、火曜日・金曜日の午後4時から8時まで。週2回の開塾は忙しいが、通塾が生活のリズムになるためには頻度が高い方がいいと考えて無理を承知で決めた。1コマ50分で1日4コマある。小学生と中学生の1、2年生は週1コマだが、中学3年生になると週2コマが基本となる。最大週4コマまでとしているが、塾生の増加に伴って一人あたりのコマ数を増やすことが難しくなっている。

一人ひとり異なる「学習支援」

「ひこざ」の学習支援の目的は、塾生の課題

授業室での学習支援の様子

を解決することにある。子ども一人ひとり、またはその時々で課題は異なる。入塾時に学習する教科を一応決めるが、実際はその時その時の塾生の希望を優先している。学校の授業で分からなかったところを理解したい、テストの点が思わしくなかった、クラスでいざこざがある、遊び相手や話相手が欲しい、引きこもりを解消したいなどなど。それぞれが抱えている課題の解決に付き合うことが学習支援と位置付けている。

学習支援のやり方についての取り決めは一切なく、担当学生の創意工夫にかかっている。担当する子と向き合い、パズル、手作りプリント、時にはおしゃべりなど、手を変え、品を変えながら、学生たちは飄々と楽しげに真剣勝負をしている。

控室は塾生や学生たちにとって大切な居場所

「今日は勉強したくない」という子のおしゃべりに付き合ったり、相談に乗ったりする。不登校で引きこもっていた子とは、その子が得意な将棋をするなど、「ひこざ」では「学習」の定義が広い。学習に関心がなかった子も「ひこざ」へ来ることが好きになってくると、少しずつ勉強しようかという方向へ気が向いてくる。学習への反発心が強かった子ほど、その変化は大きい。「ひこざらす。」の学生たちは、その変化を楽しむかのように実に気長に付き合う。

入塾・学習開始まで

「入塾したいんだって」と、塾生が前触れなく友だちを連れてくることがある。そういうときは体験学習として受け入れることにしており、塾生担当の学生が1対2で対応することが多い。入塾のきっかけは、「友人・知人から聞いた」が半数近くで最も多く、兄弟姉妹が入塾している場合を含めると6割を超える。

「ひこざ」入塾には保護者の承認が必要だ。保護者に現場を見学してもらってから、面談で入塾の条件などを確認した後に、入塾申込書を提出してもらう。面談は受け入れを前提に、お互いが十分に理解することを目的に行う。「ひこざ」の活動内容の説明とともに、入塾の動機などで子どもの状況を把握し、学習時間や科目を設定する。

入塾面談は「ひこざらす。」の分担で、シフトを管理する学生が行う。学生の空き時間、得意な教科、性格などを考えながら、入塾生の希望時間・主な教科などに合わせて、担当を決め、学習日時の調整・決定をする重責を担っている。「ひこざ」のスタッフも立ち会い、運営などについての保護者の質問に答える。

入塾申込書は、塾生のプロフィール（名前、性別、学校名・学年）、保護者名、生徒との続柄、住所、連絡先、入塾の動機を書いてもらう。当然ながら家族構成などを尋ねることはない。保護者から話がなければ、家庭のことはまったく情報がないままでの入塾になる。

担当することが決まった学生はシフト管理者から、学習日時の他に、塾生の名前、性別、学年、主な教科、入塾動機などの情報を受け取る。初回の授業で塾生と初顔合わせになることが多いが、最小限の予備情報でスタートすると、予断なく塾生に向き合える良い面があるようだ。塾生との雑談や保護者面談などで、徐々に塾生の背景が明確になり、学習支援に奥行きと広がりが生まれる。

地域交流事業としての各種イベント

「ひこざ」では学習支援の他に塾外でのイベントなどを開催している。最初は２０１５年秋、「ひこざらす。」からの提案だった。定期的な学習支援だけでなく「みんなで楽しむイベントをやりたいね」と、11月中旬の日曜日に、近くの秋ヶ瀬公園で「スケッチ会」を企画した。

スケッチした後は、みんなで一緒にご飯を食べて、体を動かして遊ぶという内容だった。学生メンバーが手分けして準備作業を行い、「ひこざ」スタッフは手作り弁当を差し入れる役割を申し出た。開催日直前に事故などへの対応の必要性に気づき、急きょ、社会福祉協議会のイベント保険に加入するドタバタもあった。

当日は「どうか、良いお天気でありますように！」と祈ったが、効き目はなく雨天で中止。代わりに近くの公民館の和室で楽しく遊んだ。塾生にとっては、大学生との初めてのレクリエーションで、思いっきり遊ぶ楽しさは塾内では味わうことができないものだった。それ以降、「ひこざ」のイベントのほとんどは「ひこざらす。」の企画・運営になった。

現在、「ひこざ」では毎年度4つのイベント

秋の交流イベントでのラーメン作り

を実施している。「夏期セミナー」「秋の交流イベント」「卒塾式」に加え、2017年度からは新入生勧誘活動の一環として「新入生交流会」が加わった。「卒塾式」は「ひこざらす。」と「ひこざ」が役割を分担して実施するが、それ以外は「ひこざらす。」の企画・運営で「ひこざ」はサポートに回っている。

「秋の交流イベント」は地域からの参加や支援などを受けることが多い。2016年度は近所の生活クラブ組合員有志がカレー作りスタッフとして参加、2017年度はラーメン店「らーめん梵's」（埼大通り）のマスター・吉田さんを講師に、「ラーメン・ワークショップ」を開催した。

第1回目の卒塾式（2016年3月）も、民生委員児童委員協議会会長、自治会長、市・地区社会福祉協議会職員、近隣住民など多くの方々が参加し、にぎやかで晴れがましい雰囲気の中で初めての卒塾生6人を送り出すことができた。

イベントに参加する塾生が固定する傾向があり、参加者数の伸び悩みが課題である。企画・運営に塾生自身が参加できないかを検討しているところである。

第2章

「ひこざ」ができるまで

「開塾のきっかけ」

当初「無料塾を開こう」と集まったメンバーは、シルバー世代4人と50代の現職1人の計5人だった。事業を成功させるには、それなりの条件がある。1つ目は事業を行う主体の強い思いと社会的背景。2つ目は運営するための具体的な場所と資金。3つ目は運営を担う人。この3つの条件について「ひこざ」の場合を紹介する。

強い思いと社会的背景

まずは、無料塾開設にかけた角田眞喜子代表理事の強い思いである。角田さんは2010年7月に埼玉県川口市で開かれた「子どもの貧困を考えるシンポジウム」(埼玉県弁護士会主催)で、母子家庭の子育ての大変さ、生活保護を受けながら高校に通う男子生徒の切実な訴えを聞き、「これは放っておけない、どんな子どもも幸せに育ってほしい」という思いを強く抱いた。角田さん自身も、父親が小学校4年生の時に亡くなっていた。母親は苦労しながらも「女性も社会で認められるように力をつけなさい」と教育に力を入れてくれたという。そうした体験が無料塾立ち上げの大きな原動力となっている。

日本の相対的貧困率と子供の貧困率の推移

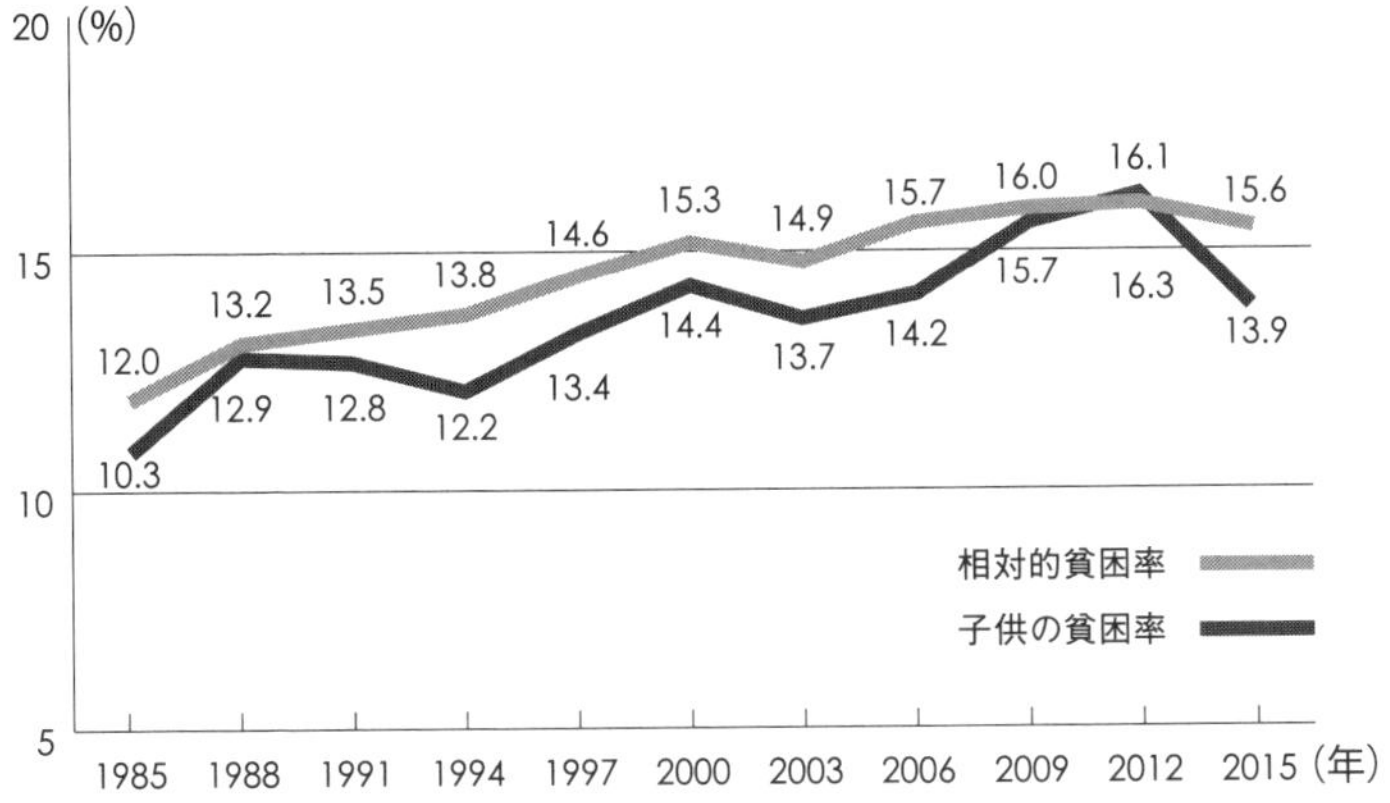

資料：厚生労働省「平成 28 年　国民生活基礎調査の概況」

ちょうど２０１０年当時は貧困問題が社会の表に出てきたころだった。２００８年のリーマンショック時は派遣社員が解雇され、年末年始の食事と寝泊まりするための年越し派遣村が日比谷公園で開設されたというニュースが大々的に報道された。働いても年間所得が２００万円以下で国民健康保険や年金が払えないワーキングプアや子どもの貧困率も問題となっていた。２００９年には日本の相対的貧困率が15・７％にもなることが報道され、日常会話にも貧困の問題が出てきた。格差の広がりと低所得者層の増加が実感され始めていた。

　こうした背景のもと、角田さんは地域の大人たちが子どもを見守り、勉強の相談もできる寺子屋のような場所をつくれないかと周りの人に呼びかけた。「困っている子どもなんているのかな？」「そんなの無理でしょ」と言われたり、学校の先生のＯＢに講師としての参加をお願いして、ことごとく断られたりした。その一方で「いいね、資格はないけど算数くらいなら見てやれるよ」「実は私の孫が不登校で…」と言ってくれる人もいた。喜んだり、落ち込んだりの繰り返しであったという。

そんな姿を見かねて知人の石川巖さんが、もう一度勉強し直して講師になろうと協力を申し出る。「角田さんはいろいろな面で突っ走るから、俺が補佐する以外ないな」と頼もしい助っ人になってくれた。石川さんは学校に行けなかった同級生のことが心に残っていた。

「私が小学生だったのは70年も前ですが、学校に行けない子がいて、その子とは遊んだことも話したこともありませんでした。それから50年以上が過ぎ、偶然ある新年会で隣り合わせに座ることになりました。左官職人として立派に独立していたのですが、これまでの人生の大変さ、何よりも字を覚えることに苦労したと語ってくれました。なぜ子どものころに友達になれなかったのか、長い時の流れに心がふさぎました」

石川さんは中学校から高校に進学する時、県内の進学校である浦和高校に合格したが、家庭の助けになればと思い、学費の安い東京工業大学附属高校に入学した。そのため貧しくて望んだ進学先に行けないことには敏感だった。石川さんは参考書を購入して勉強し直し、子どもたちに教えていたが、逆に教えられたことも多かったという。

「先生を前にしても『やらない』と言って学習を拒否する子、いくら誘いをかけても机に顔を伏せて寝ている子を見た時は衝撃でした。しかし時間が経つうちに彼らは自分の自尊心を守るために自己主張しているのだと分かってきました。やがて『やらない』から『分からない』に変わり、それは『教えてください』という意味だと分かりました。今では大学生が中心となって塾生に対応してくれています。私の仕事は塾が始まる前の準備と終わった後の整理です。それでも塾を卒業した生徒と街中で会った時はあいさつをしてくれます。小学校を卒業する子が、中学校でやりたい部活動のことを話してくれます。一度も話したことのなかった子が施設から母親のもとに戻ることを報告してくれました。そのような時私自身が他の人を信じられるように感じます。塾は私自身の勉強の場です」

運営する場所と資金

無料塾に賛同してくれる人がいても、場所や運営資金は確保されておらず、具体的なことはなかなか進まなかった。公民館などを借りるという考えもあったが、定期的に部屋を確保するのが難しく、しかもその場限りで、くつろげる空間ではなかった。場所の確保が一番の課題となっていた。

そんな時、近所に空き店舗の物件が出た。家賃は月10万円であったが、角田さんはそこを借りて無料塾を始めるつもりでいた。お金は何とかなる、まずは場所を作らなければ。そんな角田さんの強い思いを知り、賛同者の一人であった榎本文夫さんが、自宅前にあった古い建物の提供を持ちかけた。それは榎本さんの叔父が経営していた特定郵便局で、埼玉大学正門近くにあり、30年ほど前に廃業し、空き家になっていた。

以前から榎本さんはこの郵便局舎を何か地域の役に立てることができないかと考えていたところだった。しかし長い間、空き家になっていたため再利用するには相当の修繕が必要だった。そこで考えたのがカフェとの併設である。

榎本さんは退職後の２０１１年、東日本大震災で被害にあった東北を訪れた。そこで広い田んぼで稲刈りをする風景を見て、米作りをしよ

郵便局舎をリフォーム

うと決意する。戻ってから、さっそく自身が住むさいたま市桜区大久保地区で、耕作放棄地となった田んぼ2反半を借りて米作りを始めた。2012年の秋に収穫したお米の食味値は高く、美味しかったことから、ますます米作りにのめり込むようになる。同時に収穫したお米の販売も考え、付加価値を付けたおむすびを販売しようとカフェ「むすび」を計画した。「おむすび」と、人を結び付ける拠点ということで名付けた。

「ちょうど無料塾の話が持ち上がっていたので、店との併設にすれば教室となる環境も整備でき、カフェが軌道に乗れば水道光熱費も捻出できる。お互いにとっていいのではと考えました。今から思えば、見通しが甘かったかもしれませんが」

無料塾をする曜日はカフェを早めに切り上げ、そこを教室にする計画で、子どもやお客さんが来やすいように内装や外装をリフォームすることになった。近くで設計事務所をしていた自治会長や工務店の社長と相談しながら工事を進め、完成まで約1年半を要したが、榎本さんが望んだ通りの地域の拠点・居場所ができあがった。

運営のための人とのつながり

榎本さんが古い郵便局舎を改装し提供してくれたことで、無料塾のスペースが確保できた。その場所が埼玉大学の近くであったことが運営に幸いした。2010年、埼玉大学内に大学と地域を結び付ける「さいだい交流ひろば」がオープンし、大学の近くに住んでいた榎本さんや角田さんたちとの交流が始まっていたからである。

埼玉大学の基盤教育研究センターの活動の一環として設立された「さいだい交流ひろば」は、多様なボランティア活動や大学周辺地域の情報を揃え、学生が課外での実体験を通して新しい価値観や多様な人たちと出会う機会を提供している。交流ひろばの職員であった森本智子さんは、無料塾開設に賛同し、積極的に支援してくれた。

角田さんは相談に訪れ、「子どもは大人と違って社会に声を届けることができない、だから大人が声を受け取れる場所をつくりたい」と訴えた。森本さんは、そのことを振り返りなが

埼玉大学内にある「さいだい交流ひろば」

ら、次のように語った。

「私は交流ひろばの職員をしながら、子どもの人権に関わる団体で活動しております。様々な背景を持った子どもたちと出会う中で、子どもが安心して自分の気持ちを伝えられる場所が地域にできたら、どんなに素晴らしいだろうと考えました。子どもが気持ちを伝えるためにはそれを受け取る人が必須で、年齢が近い大学生は適役だと共感し、個人的にも交流ひろばの職員としても協力したいと思いました。私自身も立ち上げメンバーに入れていただき、角田さんを中心に交流ひろばで会議が何度か行われました」

開塾後はボランティア学生も増え、やがて学生サークルが生まれた。森本さんは、その姿に他の学習支援団体のボランティア活動とは違うものを感じたという。

「サークルで仲間と連携した活動は一人ではできないような大きな力を生み出します。同時にサークルとしての課題や責任も生まれるでしょう。サークルの仲間や地域の方々、学びにやってくる子どもたちとの相互関係の中で多様な価値観に触れ、生の体験を通じて相手を思いやることや自分の内面に気づける機会があると思います。人生の岐路に立つ時〝自分は何者で、どんな生き方をするのか?〟を考える時があります。また生きていくうえでも対人関係はいつもあります。そんな時に『ひこざ』での体験が少しでもヒントになればと思います」

森本さんが無料塾の基盤づくりに果たした役割は大きいものがあった。

立ち上げメンバーの一人である雛元聖子さんは運営を引き受けた。「ひこざらす。」が設立されるまでの授業の割り振り、補助金の申請、市や県との交渉、内部の事務などを担った。

雛元さんはかつて大阪の公立中学校の教員だった。塾に通い予備学習をしている生徒とそうでない生徒が混じった状態の授業は、新任教員であった雛元さんにとって悩みが多い状態だった。教科書通りの説明は予習組にとっては退屈である一方、ゼロから学習する生徒にとってはスピードが速すぎた。全生徒が同時にスタートラインに立てる授業をしようとゲームを導入したり、ステップを低くしたプリント学習を導入したりした結果、全体的に一定の効果があった。しかし十分に対応できなかった教員生活には残念な思いが残ったという。

その後、雛元さんは1980年から約10年間、自宅で数学塾を営んだ。団地住まいの玄関先6畳の部屋で、1クラス定員5人の小さな塾は全員に十分に手が届き、教えることの手応えと楽しさを感じることができた。時間があると折り紙をしたりビーズ工作をしたりして、子どもたちと楽しんだ。

「自分の子どもも一緒に教えたことで、教育を話し合える子育て仲間もできました。塾生の一人が不登校になったのをきっかけに、不登校を考える会を立ち上げることができたのも仲間がいたからです。当時はまだ『不登校＝問題行動』という社会的認識が強く、我々自身も『学校へ行かなければ将来困る』という考えを変えるのが大変でした。勉強会と情報交換、川原でのうどんパーティ、合宿などの実践を重ねる中で、学習の場は学校だけではないと心から納得できました。〝無料塾〟の話があった時、数学塾をやっていた時のことがよみがえりました。子どもたちと楽しく学び合える場所をもう一度つくりたいと参加しました」

「発起人会議で骨格づくり」

地域で気がかりな子どものこと

いろいろな思いを持った人が関わり、連携することで無料塾「ひこざ」は誕生した。しかし、そこに至るまでは何度も発起人の間で話し合うことが必要だった。「子どもの貧困」を何とかしたい、そのために無料塾を必要としている子どもがいる。それは全員の一致した認識だったが、何を目指して無料塾を設立するかを言葉にするのは意外に難しかった。

無料塾「ひこざ」の発起人5人は、2014年10月2日に初めて顔を合わせ、それぞれが身近に感じた「子どもの貧困」についての意見を出し合うことから話を始めた。

「学校へ行っていない3兄妹がいる。シングル家庭で母親は生活保護で生活をしている。子どもは不登校で、日中、公民館のロビーで遊んでいて、うるさいと苦情が出ているが母親は学校へ行かせる気持ちがない」

「近くに児童養護施設がある、そこの子どもの地域の居場所になれば」

「このあたりは、貧困などの問題を抱える世帯が多いらしい」

「中学校に入って授業についていけなくなったが、月謝が高くて塾へやれないと言っている親がいる」

調べてみると、「ひこざ」が立地する校区内の市立A中学校の中学3年生の通塾率は58・5％（平成29年）と、全国平均61・6％、埼玉県平均67・4％（平成27年度全国学力・学習状況調査）を大きく下回っているなど無料塾の必要性が高い地域であることも分かった。

しかし、「子どもの貧困」はそれだけにとどまらないように思えた。学習に取りかからない子に「勉強しようよ」と声をかけると、「頭が悪いから、勉強は無理」「気楽にバイトしながら暮らすので勉強は要らない」などと、後ろ向きの答えが返ってくることが多い。「子どもの貧困率」の「貧困」は経済的な貧しさを指すが、子どもにとって「貧困」な状況は経済的なこと以外にもあるのではないかという議論になった。

「子どもが地域で遊んでいない」「子ども会活動がなくなり、地域での出番・居場所がない」「顔を知らない住民が増えた」「ゲームやスマホにのめり込むのはどうなんだろう」など、子どもを育む環境も「貧困」化しているのではないかということで意見が一致した。ならば、「ひこざ」では子どもを育む環境をつくっていこうと決まった。

そこで趣意書には、「子どもは親の宝であり、社会の宝です。健やかな心と体を育めるよう教育を受け、豊かな環境で育つ権利がすべての子どもにあります。すべての子どもの学ぶ権利を守るために『経済的な困難などの問題を抱える子どもの居場所・学びの場をつくりたい』（中略）子どもが、自分自身を大切にし、ものごとを自分で考え、決めて生きていける力をもつ手助けをしたいと願っています」と記した。

塾生募集の要項作り

趣意書ができても、「無料塾」の運営イメージは発起人のあいだでも様々だった。塾生として受け入れる対象をどうするかに始まって、開塾頻度・時間帯、取り組む内容など、塾生募集を始めるにあたって決めなければならないことがたくさんあった。

塾生対象は「自力で通塾ができる小学4年生から中学3年生（経済的な事情などで塾に行っていない子ども）」とした。これは比較的スムーズに意見がまとまった。経済的な状況を入塾時に把握しないで大丈夫かという心配があったが、見学した先輩格の無料塾「ａｒｋ子ども・若者サポートセンター」（国分寺市）のスタッフから「お金がある家は進学塾へ行くので心配ないですよ」と言われ、納得した。

開塾頻度は週2回（火曜日・金曜日）、時間帯は午後4時〜8時とした。週2回はハードルが高かったが、多くの塾生を受け入れるためと、通塾が塾生の生活リズムになってほしいという思いで頻度を多くした。午後4時からの早い時間帯は小学生を、6時からの遅い時間帯は中学生を対象にと考えた。

塾内で取り組む内容は、発起人のあいだで意見が分かれた。

「勉強が分かることが子どもの自信につながる。学習支援が重要」

「みんなで遊べることが大切」

そこで趣意書にうたった「子どもが、自分自身を大切にし、ものごとを自分で考え、決めて生きていける力をもつ手助け」のために何が必要かを改めて考えてみた。結果、趣意書の「経済的な困難などの問題を抱える子どもの居場所・学びの場」に沿って、学習支援を事業の軸にしながらも、学習するしないは塾生に委ね、学習を強制しないことに決めた。

こうして無料塾「ひこざ」は、２０１５年2月3日に開塾することになった。

第3章

居場所としての「ひこざ」

「活動スペースの膨張」

思った以上に多かった入塾者

無料塾の多くが公民館で活動していることを考えると、榎本さんのおかげで、とても贅沢なスペースに恵まれた幸運なスタートだった。古い特定郵便局の一隅をリフォームしたスペースは、一段高いカーペット敷きの床になっており、玄関で靴を脱いで入る。トイレとキッチンが付いており、キッチンを主に使用するのはカフェ「むすび」（2015年1月8日開店）だが、「ひこざ」もおやつ皿やコップを洗ったり、学生軽食を温め直したりするのに使用する。ガスコンロでお湯も沸かせるので便利だ。

エアコンが整備された快適な室内には、4人掛けや2人掛けのテーブルと椅子がある。定員10数人のこじんまりした空間だ。1対1の学習支援なので、塾生定員は8人という計算になる。当初は「入塾生はせいぜい数人」と想定していて「入塾生がゼロだったらどうする？」という声もあったほどである。しかし、その見込みは甘かったことにすぐ気づかされる。

最初の入塾生は、桜区役所福祉課から紹介された深尾久乃さん。当時、中学2年生の3学

「ひこざ」の塾生数の推移（2015年3月〜2017年3月）

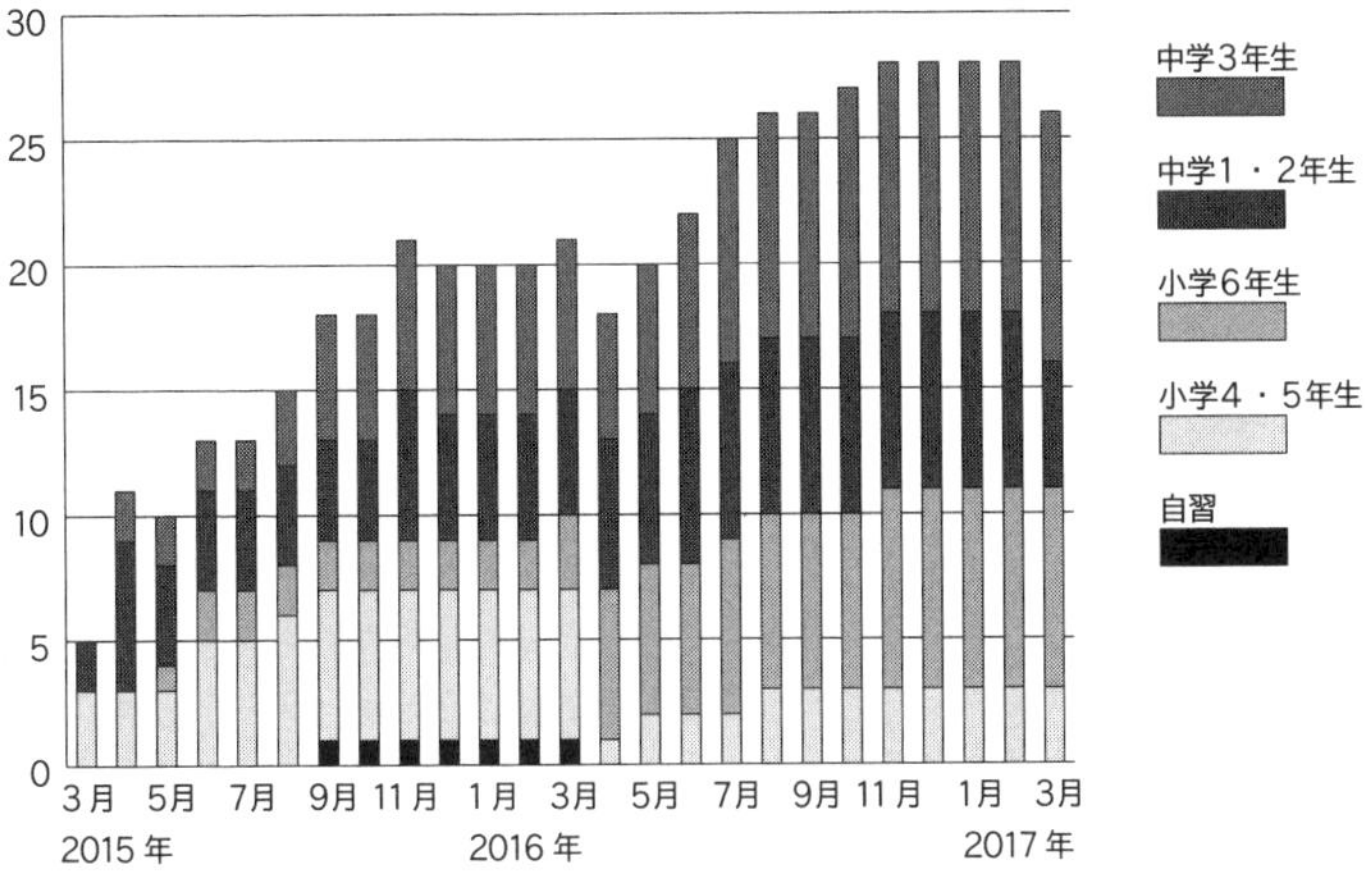

期。福祉課へ開設のあいさつ訪問をした時に生徒募集のチラシを手渡しておいたのが役立った。「ひこざ」設立時は社会福祉協議会などへあいさつ訪問と生徒募集のチラシを配り、ホームページ、ポスター、自治会回覧などでも生徒募集を発信した。

その結果「友だちが入りたいと言っている」「回覧を見て」「ポスターを見た」など、入塾希望が相次ぎ、2015年3月は5人だった塾生数が、4月には11人、9月には18人と、あっという間に予想を大きく上回ってしまった。当然、授業室スペースだけでは納まらなくなった。

「倉庫」を控室にリフォーム

授業室で席を確保することがだんだん難しくなり、新たなスペースを確保する必要に迫られ

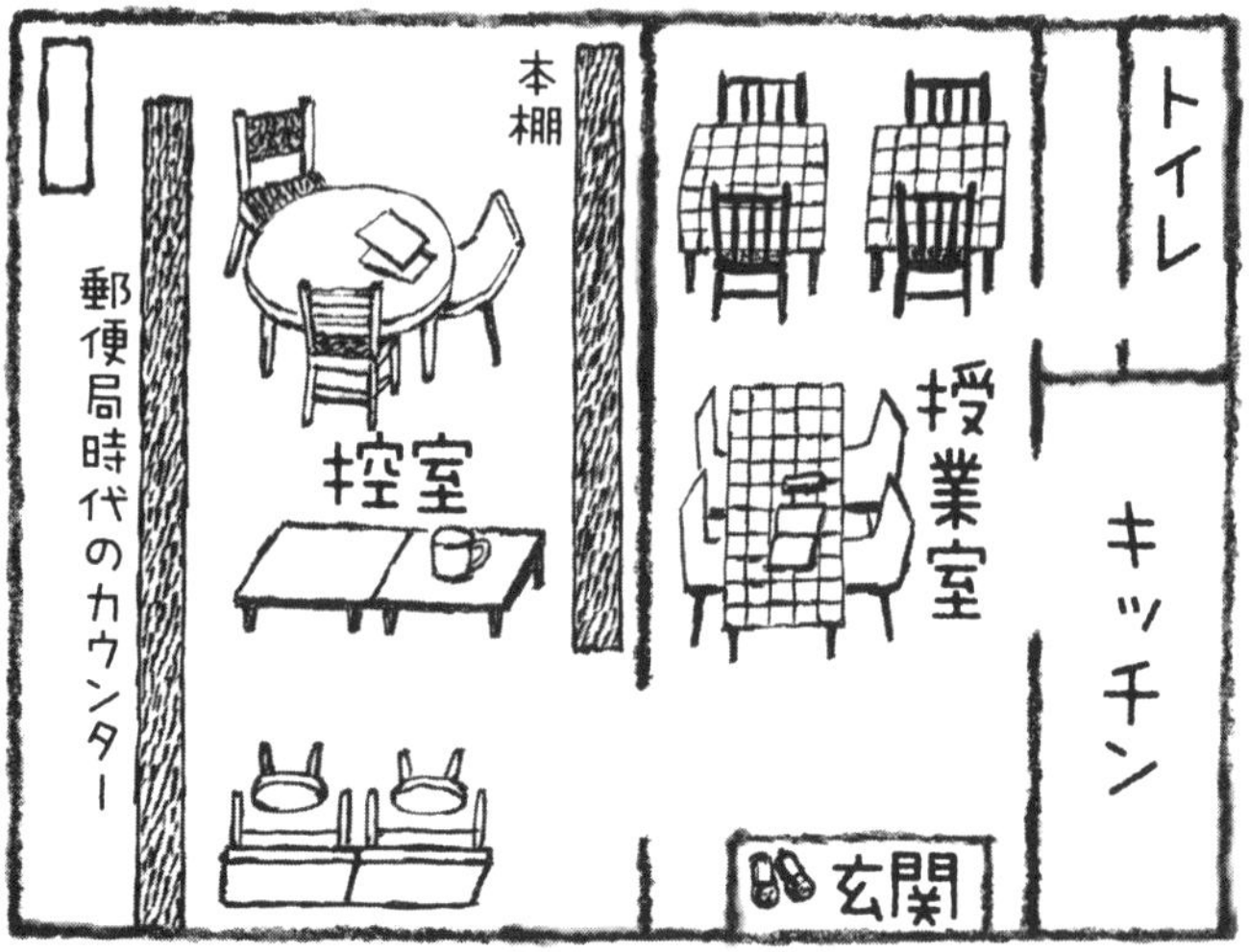

「ひこざ」の平面図

た。授業室の隣に引き戸で仕切られた大きなスペースがあった。郵便局時代のカウンターがそのまま残り、家主である榎本さんが農作業器具などを保管する倉庫として利用していた。一隅に、「ひこざ」の学習資料を保管する書棚とスタッフ用のダイニングセットを置いていたが、掃除もしないままだったので、スリッパ着用でないと靴下が真っ黒になった。とても授業ができるようなスペースではなかった。

そんな折に学生サークル「ひこざらす。」から「控室を子どもとの交流空間にしたい」との申し入れがあり、それをきっかけに、塾生も利用できるスペースをつくることになった。農作業器具などを運び出し、床を清掃し、スタッフが持ち寄ったカーペットを敷いた。ほこりが舞う中の大作業だったが、かなり広い場所ができた。そこにいただきものの座卓や学習机を置いて、塾生用の休憩場所と2人分の授業スペースを作った。エアコンはなく、窓に網戸もなかったために夏季は蒸し風呂さながらであった。塾の様子をお知らせする「ひこざだより」に、当時の様子を次のように記している。

「今年は本当に暑い（熱い）夏でした。休憩時に子どもたちが集う控室にはエアコンがなく、授業室の冷気を扇風機で送っても、非常識ともいえる高室温でした。そんな中でも、子どもたちは楽しそうに笑ったり、ふざけたりと元気そうでした」（「ひこざだより」No・4　2015年8月発行）

意外だったのは、座卓が人気だったこと。椅子での生活に慣れているはずの子どもたちが座卓の周りで、お互いに肩が付くほど詰めて座り、談笑しながらおやつを食べたり、トランプしたりしている。互いに体が触れ合う狭さはどうかと思っていたが、子どもにはこの距離感が好ましかったようだ。学習時間になっても動きたくない塾生もいて、授業スペースへの誘導が課題になったほどである。ときおり訪れる卒塾生も、ごく自然に座卓周りの集団に溶け込むようになった。

2016年5月末、赤い羽根共同募金の助成を受けて、エアコンの設置、照明の整備などを行い、控室は快適な空間に生まれ変わった。郵便局時代のカウンターの蛍光灯も点灯できるよ

控室で学習する塾生と学生たち

学習が終わると控室はにぎやかになる

うになり、3人分の授業スペースが増え、常時にぎわうスペースになった。

「禁止」がない空間

子どもの密度が高い場所でよく見る「○○注意！」「××禁止！」などの張り紙は「ひこざ」にはない。ふざけて追いかけ合う、取っ組み合うなどがときおりあるが、その都度スタッフや学生が声をかけて気を配っている。ワイワイと騒がしくにぎやかだが、自然にお互いを尊重する雰囲気が醸成され、泣き声や怒声とはまったく無縁の空間になっている。

「授業室、控室共に、相変わらず、笑い声などで騒がしく、にぎやかですが、その中にも、徐々に、落ち着いた雰囲気が生まれてきているように感じています。うまく言えませんが、一人ひとりが「ひこざ」で居場所を見つけ、相互に自己主張しながらもスムーズな関わりを持ち、安定した時を過ごしているように見えるのです。世話役の我々も、とても楽しい時間を過ごさせてもらっています」（「ひこざだより」No・8　2015年12月発行）

控室には、文房具やゲーム、おやつの皿やコップなどの備品があふれているが、壊れることがほとんどない。小学4年生から中学3年生は、大人の言動にイライラし、あげくは物に当たることがある年齢だと思っていた。学校の備品や設備が乱暴に扱われているのを見てきただけに、とても不思議だった。

「ひこざ」には不登校の子も在籍する。同級生に会いたくない子は早い時間に来て、学習したり、大学生とゲームをしたりして過ごす。早い時間の学習は、授業室より座卓のある控室が好まれることが多い。

塾生が引き揚げた午後8時以降の控室は、「ひこざらす。」のミーティングスペースになる。子どもたちの体温がまだ残っている場所で、おにぎりと軽い副食をつまみながら、なごやかで真剣な会議が展開される。

他にも打ち合わせ、入塾の面接、保護者面談、見学者対応、月1回開催の事務局会議を行うなど、控室は貴重な多目的交流スペースとなっている。

「食がもたらすつながり」

たかが「おやつ」、されど「おやつ」

開設当初から、塾生に飲み物とお菓子を提供している。スタッフが家にあるものを持ち寄っていたが、今は事業の一部として予算化して購入している。

夕方から午後8時までの学習はお腹が空くし、喉も渇く。中学生は学校から直接来る子が多いことから、学習前に喉をうるおし、ほっと一息つけるのではないだろうかと考えた。それに「ただいまー、おやつはなあに？」と自宅へ帰ったようなくつろいだ気持ちになってほしいという思いもある。

　手作りのおやつを提供したいと思いつつも未だかなわず、残念ながらほとんどが市販のお菓子である。時には帰省した学生の土産、地域の方や来訪者の手土産などが並ぶこともある。おやつは一人分ずつ小皿に載せ、蓋をして、控室のカウンター上に並べて置く。甘いものが好きな子、塩味のせんべいやスナック菓子が好きな子など、それぞれ好みは異なるので、味が偏らないようにしたり、内容を少しずつ変えたりするささやかな工夫をしている。飲み物はペットボトルの麦茶を控室の真ん中の座卓上に用意す

おやつは一人分ずつ小皿に載せて提供

る。飲みたい時は備え付けのマグカップで飲む。これらのおやつの準備は早番のスタッフが行うが、早く来た学生や塾生が手伝ってくれることもある。

おやつは学習している時間でなければ、いつでも控室で食べてよいことになっている。一番楽しそうなのは、学習後のひとときに友だちと一緒に食べる時である。人気の菓子を取り合ったり、交換したり、学年を越えておやつをめぐるにぎやかなコミュニケーションが繰り広げられる。これは想定外の嬉しい効果だ。入塾して間もない塾生にとって、おやつは会話のきっかけになっているようだ。

しかしながら1回あたり30人分が消費されるため、菓子のストックの減り方が半端でない。フードバンクからの提供、地域の方からの差し入れ、見学者のお土産などが本当に助かる。最近は手作りケーキやクッキーをいただいたり、イオンの幸せの黄色いレシート助成団体としてお菓子をいただいたりしている。

法人化（2016年9月）後は、埼玉県共助社会づくり課の紹介でキリンビバレッジ株式会社から飲料の寄付や、フードバンク埼玉を通じてロッテリアのケーキをいただいた。豪華なサプライズに塾生は喜んだ。キリンビバレッジの担当の平澤さんが折に触れて「ひこざ」へ顔を出してくださるのが大きな励ましになっている。おやつも地域に支えられて提供できている。

「ひこざ」の塾生は学年を越えて仲が良いが、同じものを一緒に食べるのは想像以上に価値があると感じている。量・質ともに十分とはいえないおやつだが、子どもたちは楽しみにしており、おしゃべりしながら丁寧に食べてくれる。子どもだけでなくスタッフも幸せな気分になる。

「同じ釜の飯を！」学生軽食の取り組み

午後8時に学習支援の授業が終了した後、掃除とミーティングを済ませると軽く午後9時を過ぎる。スタッフは早番（準備から午後6時まで）、遅番（午後6時から最後まで）と2交代制だが、学生は午後4時から最後までいることもあり、長時間の無償活動になる。

そのことが気がかりで、開設当初からスタッフがおにぎりを作り、提供してきた。学生の人数が増えてきたこともあり、法人化をきっかけ

「ひこざ」の活動になくてはならない学生軽食

に同じ建物内で営業しているカフェ「むすび」に委託して学生軽食としておにぎりと副食を提供するようにした。経費は生活クラブ生協の助成でまかなえた。

野菜を多く使った手作りの軽食は、一人暮らしの学生にとっては、健康維持に間違いなく役立っている。カフェ「むすび」は地域の主婦グループが運営していて、材料を厳選した手作りランチが看板メニューのお店である。一人暮らしの学生のために野菜を多くしてほしいという注文に真面目に応えてくださる、ありがたい相棒である。

終わりのミーティングはその日の学習内容の情報共有以外に、支援上の問題、塾生について気がかりなことなど深刻で真剣な話になることが多いが、「同じ釜の飯を食う」と言うように一緒に食べる軽食はその場を和やかなものにしてくれる。腰を据えて話し合うことで連帯感が育っている。学生軽食は、「ひこざ」の活動継続になくてはならない。

「保護者とのつながりを求めて」

預かりっ放しではなく

学習や遊びなど塾生の行動は、家庭の状況や保護者の考え方を反映していることが少なくないと感じる。保護者にも「ひこざ」が目指す方向を理解していただき、共同で塾生一人ひとりを育てていくことが大切だと考える。入塾希望者にはまず保護者と本人での見学を勧め、その後に「ひこざ」の趣旨と内容を伝えるために入塾面談を行っている。

送り迎えする保護者とは顔を合わせて話もするが、多くは忙しくて、入塾の面談を過ぎるとなかなか会う機会もない。それでも、子どもが「ひこざ」で誰とどのように過ごしているかなど関心を持ってほしいと考えている。欠席の連絡もなく塾生が来ないとき、様子がいつもと違うときなどはこちらから連絡を入れることにしている。

後述するように月刊でお知らせ紙を発行したり、年1回だが保護者面談を行ったりしているのも預かりっ放しにしないためである。学生やスタッフは、保護者と気持ちが通じたときに大きな安心感を得る。この安心感で塾生にさらに一歩近づいて接することができるようになるのだ。

実り多い保護者面談

保護者面談は初年度から実施している。1学期中盤(6月)から夏休みにかけて、塾生一人ずつについて、保護者、学習支援者、運営スタッフの3者が面談する。「ひこざ」での学習の様子、家での過ごし方、進路希望などについての情報交換が目的である。

実施にあたって一番大変な作業は2者（保護者、学習支援者）の日程調整だ。まず、学習支援者である学生の希望日時を把握、その後、塾生一人ずつについて面談候補日をまとめ、保護者へ連絡し、候補日の中から実施日を選んでもらう。候補日では都合がつかない場合は仕切り直しとなる。保護者のほとんどが働いているために、再調整、再々調整は珍しいことではない。

面談は学生の負担もかなり大きい。担当の塾生一人ずつについて、「学習の現状報告」「学習の目標など、今後に向けての提案」をまとめるという準備作業がある。さらに、開塾日をさけて実施するため、活動時間が増える。

面談は一人あたり50分。保護者と学習支援者は初対面が多いため、まず、自己紹介をする。その後、担当の学生から塾生の学習状況についての報告と提案、そして、保護者から意見や要望を聞く。保護者からは、家庭での塾生の様子や心配事が語られることが多く、塾生を多面的に把握できるようになる。

最後に、面談での「確認事項」を話し合う。教科変更や、小テストの実施などの新たな取り組みなど、今後の学習支援の内容を相互に確認する。塾生の成長を願うという共通点に立って実施する保護者面談は、保護者と連携を確認する重要な機会である。この面談の内容は「保護者面談記録」としてまとめ、学習支援の資料になる。

面談というと深刻な話のやり取りを想像するかもしれないが、「ひこざ」の場合は、塾生本人も参加して将来の夢を話したり、学生も自分の経験を話したりするなど、3者共にリラックスしており、笑い声が響く話し合いになることが多い。

面談後は保護者と学生の距離がグッと近づく。それまではスタッフ経由だった連絡や相談などが直接のやり取りになっていく。負担が大きい保護者面談だが、学生の65％が「有意義」だとして、前向きに取り組んでいる（2018年1月実施　学習支援ボランティアアンケート結果）。

月刊のお知らせ紙の発行

保護者対象のお知らせ月刊紙「ひこざだより」は、2015年4月に発行を開始した。「ひこざだより」は保護者と情報を共有し、「ひこざ」についての理解と参加を呼びかけること

保護者対象のお知らせ月刊紙「ひこざ便」

を目的にしていた。内容は状況報告と連絡が主で、紙面はA4判で1ページ。印刷部数も保護者とスタッフに行き渡る程度のものだった。

2016年9月の法人化を機に「ひこざだより」は「ひこざ便」に名称変更した。「ひこざ便」は、無料塾「ひこざ」の活動を広く伝え、支援を仰ぐことも目的にしたために、保護者だけでなく、会員、支援組織・団体などへ配布先を広げた。紙面はA4判4ページになり、発行部数も500部に増やした。内容も徐々に充実し、「ひこざらす。」メンバー、地域の支援者からの投稿も掲載するようになった。一番の目的が保護者との情報共有であることに変わりはない。

「地域社会の協力」

地域に根ざした間口の広い場所

「ひこざ」設立にあたって配慮実行したことは2つ。必要とする子どもに届きやすいように関係する行政機関や地域の団体に情報を提供することと、地域で理解され気軽に参加しやすいように間口の広い場所にすることである。

発起人5人が手分けして、埼玉大学、さいたま市桜区福祉課、コミュニティ推進課、社会福祉協議会、地区社会福祉協議会、主任児童委員、自治会などへ、趣意書と生徒・ボランティア募集のチラシを持ってあいさつ回りをした。「無料塾」という聞き慣れない活動を始めた我々ではあったが、どこでも好意的に丁寧に対応していただけたのがありがたかった。生徒募集チラシを回覧してくださった自治会もあった。桜区の福祉課では「このチラシをコピーして課内や関係機関に回します」と言っていただき、初めての塾生とはここからの紹介で出会うことになった。

地域から受けた数々の支援

活動開始早々の2015年3月、大久保地区

地域の住民と囲碁をする塾生

社会福祉協議会の地域福祉コーディネーター岩間恵子さんが来訪され、運営について様々な助言をくださった。結果、赤い羽根共同募金助成を受けることができ、前述したように控室が快適な場に生まれ変わった。また、第28回NHK厚生文化事業団「わかば基金」からリサイクルパソコンをいただいたきっかけも岩間さんからの情報だった。

このつながりの中で10月には、「孤立防止フォーラム in さいたま」（さいたま市社会福祉協議会主催）において、多くの福祉関係者を前に実践報告をする機会に恵まれた。翌2016年5月には埼玉県社会福祉協議会広報誌「S・A・I」（5月号）でも取り上げていただき、無料塾「ひこざ」を広くPRできるありがたい機会になった。

2016年9月の法人化後、埼玉県共助社会づくり課の担当職員が来訪され、行政の支援について説明してくださった。さらに「フードバンク埼玉」の紹介、キリンビバレッジからの飲料提供などの仲立ちもしてくださった。子どもに提供するおやつや飲み物をいただける関係ができたことは本当に心強く、ありがたかった。

経済的な支援としては、「生活クラブ埼玉」たすけあい助成、「医療生協さいたま生活協同組合の社会貢献に係る助成金」、「中央ろうきん」の助成プログラム助成などを受けることができた。地域の方々が助成金の情報提供や、申請作業を応援してくださったおかげである。「ひこざ」がここまで無事にやってくることができたのは、地域からの物心両面にわたる支援の結果である。

大きな副産物・世代間交流

「ひこざ」のボランティア活動は当然ながら年齢制限はなく、大学1年生から70歳前後の高齢者が一緒に活動している。塾生にとって学生は兄姉世代、スタッフは祖父母、曾祖父母世代が多い。逆にスタッフにとって、大学生や塾生は孫、ひ孫世代になる。こうして幅広い年齢層が出会う場になっている。

塾生にとって大学生は気軽で頼りがいのある先生であり、休憩時間になれば何でも受け止めてくれる優しいお兄さん、お姉さんである。「ゲームやろう」と塾生から声がかかると、学生は「何やる?」とすぐに対応し、にぎやかにゲームが始まる。一方で、何を話しているの

多世代交流は大きな副産物(新年会にて)

か、中学3年生と学生がポツポツと会話をしていることもある。

塾生とスタッフの関係は、残念ながら学生のようにスムーズではない。話しかけても短い返事で会話にならない。早い時間に来て、まだ学生がいないと分かると踵を返そうとした塾生もいた。しかし、少しずつ慣れるに従って壁は低くなる。塾生から話しかけてくるようになり、スタッフも冗談が言えるようになる。そうなると、気になる行動を注意したり、叱ったりすることができるようになる。

子どもの状況に一喜一憂したり、「ひこざ」のあり方についてボランティア間で意見の違いに出くわしたり、世代や考え方の違いを感じる場面は少なからずある。しかし学習支援終了後のミーティングや事務局会議などで、気持ちを抱え込まずに出し合うことで課題を一つずつ乗り越えてきた。どのような議論も「塾生のために」が基本だ。

「ひこざ」は、小学生から高齢者までの多世代が接する貴重な場になっている。この多世代交流は無料塾のでっかい副産物だと、ありがたく感じている。

第4章

学生組織「ひこざらす。」

「地域の大学生と共に」

大学の交流ひろばで立ち上げ準備会

「ひこざ」の開設にあたって、塾生の学習を手助けする無償ボランティアの確保は重要な課題だった。そこで、大きな助けとなったのが「さいだい交流ひろば」だ。

埼玉大学には、基盤教育研究センターの活動の一つとして「さいだい交流ひろば」が設置されている。ここは、学生が課外での実体験を通して、新しい価値観や多様な人々と出会うことを目的としており、学生のボランティア活動支援や地域活動の情報提供を行う。他にも様々なテーマの学習会や映画観賞会が開かれ、その名の通り学生と地域の交流の場となっている。建物は小さなログハウスで、地域からのアルバイト求人やボランティア募集、各種イベントの告知などのチラシが張り出されており、その数は実に豊富である。

職員の森本智子さんは、「経済的困難を抱えた子どもたちのための無料塾を開きたい」という角田さんの思いに賛同し、「ひこざ」の発起人になった。子どもたちの気持ちに寄り添うには年齢の近い大学生は適役だと、ボランティアの募集に力を入れてくれた。

また、立ち上げ準備会の場として「さいだい交流ひろば」を提供していただいたことが、学生たちとの交流の機会にもなった。会議を重ねるうちに、「ひこざ」の思いに共感してくれる学生と出会う。学生がボランティア募集のチラシや説明会のアイデアを出したり、開設当初の学習ボランティアを引き受けたりしてくれたことが、力強い支えとなった。

学生サークル「ひこざらす。」の誕生

開設後、ボランティア募集のポスターを学内掲示板に張った。教育学部の安藤聡彦先生には講義のはじめに「ひこざ」の紹介とチラシの配布に時間を割いていただいた。こうした協力もあり、「ひこざ」に参加する学生は一人また一人と増えていった。しかし、それでも塾生の増加には追い付かず、支援態勢はギリギリだった。しかも学生間のつながりも薄い状況だった。

そのような中、当時教育学部3年生だった西村佑紀さんが、ばらばらだった学生たちをまとめ、2015年6月に学生サークル「ひこざらす。」を結成した。ちなみに「ひこざらす。」という名前に深い意味はなく、一人の学生が「ひこざ」をアレンジした言葉として発したのをきっかけに決定したものである。

サークルの結成は、学生が個別に塾生に関わっていた状況を変えた。学習支援の工夫や各人の抱える問題を共有することによって、お互いの結束力が生まれた。西村佑紀さんは「ひこざ

らす。」設立に込めた願いを次のように述べている。

私が「ひこざらす。」の設立に込めた願いは二つです。一つは「みんなで子どもたちを見る」ことです。それぞれが個別に活動するだけでは、自分の担当している子どもだけを見る場所になってしまいます。担当している子どもの様子や問題を共有し、学生みんなで子どもたち全員を見る意識を持てば、学生が一人で問題を抱えることもありません。それに、子どもは見守られている感覚を持ってくれるのではないかと期待しました。

もう一つは「自分で考えて活動する」ことです。学校教育とは異なり、無料塾「ひこざ」は学習指導要領に束縛されているわけでもなければ、何かを教えなくてはいけないという規則もありません。子どものニーズに沿って時間をつくることができます。それは学習の内容だけではなく、接し方においてもです。どのように叱らなくてはいけないとか、何をさせてはいけないとか、そういう規則は決まっていません。

つまり学生自ら何が子どものために必要なのかを考え、同時に実践する機会でもあるのです。学校では学ぶことができないことを学ばせる機会をつくることもできるし、相談を聞くことだってできる。そうして行われた実践が学生の間で共有されたなら、それは他者への刺激になって新たな実践を生み出していくかもしれない。無料塾「ひこざ」のサークルとして「ひこざらす。」を設立し、学生間の交流を増やすことにはそんな期待も込めていました。

もちろんこれは理想的な形であり、実際はそれほどうまくいったとは言えません。しかし、少なくともこうした期待に向かってサークルが歩み始めていたことは間違いなかったと思います。

「『ひこざ』の担い手として」

学生サークル「ひこざらす。」は「ひこざ」とは独立した存在として運営されている。塾生への学習支援が主な役割であるが、「ひこざ」の各種イベントの企画・実施や学生たち自身のシフト管理なども担っている。また、代表者は、毎月実施される事務局会議にも出席し、「ひこざ」の運営に携わっている。具体的な活動について次に紹介する。

「ひこざ」の学習支援シフト表

月日	生徒名			学習時間・教科（講師名）			
				1コマ	2コマ	3コマ	4コマ
				16：00～16：50	17：00～17：50	18：00～18：50	19：00～19：50
○月○日	1	Aさん	中3			英語（▲さん）	数学（●さん）
	2	Bさん	中2			数学（■さん）	
	3	Cさん	中1				英語（▲さん）
	4	Dさん	小6		国語（◆さん）		
	5	Eさん	小5	算数（●さん）			
	…	…	…	…	…	…	…

大切なシフト管理と入塾面談

「ひこざ」での学習は、勉強50分、休憩10分の1コマ60分で行う。塾生たちは入塾のときに学校の授業や部活動などの時間を調整して、希望のコマに入る。学習支援は塾生との1対1が基本で、「ひこざらす。」の学生が固定で担当する。「ひこざらす。」のシフト管理担当の学生が塾生や学生の都合を基にシフトを作成するが、新年度から大学の夏休みまで（大学の前期）と、夏休み明けから春休みまで（大学の後期）の年2回更新する。学期途中での入塾希望がある場合は、その時々で担当をつけていく。

シフト作成にあたっては、塾生・学生の時間的な都合の他、塾生の希望教科と学生の得意教科、塾生と学生の相性などを考慮する。特に教科の部分はシフトを考えるときの大きなポイントで、数学を中心に勉強したい塾生には理系の学生を、英語を望む塾生には英語が得意な学生をつけるなど、塾生のニーズに応えることを重視している。学生の負担が軽く、塾生にとって最も良いであろうシフトを組む。

「ひこざ」では、入塾前に子どもと保護者に見学に来ていただき、入塾面談を実施している。入塾面談は開塾時間中に設けており、「ひこざ」の雰囲気を感じてもらう機会も兼ねている。手の空いている学生がいれば、可能な限り同席することになっているが、主に、シフト管理を担当している学生が対応する。入塾前の子どもの普段の状況、学習到達度と学習意欲、学習を希望する教科などの情報は、シフトを作るうえでの貴重な情報になる。面談から得た情報は、その日のミーティングで共有され、全体で把握する。

一人ひとりに合わせた学習支援

「ひこざらす。」が担う最も大きな役割は学習支援だ。前述した通り、「ひこざ」では塾生1人に対して学生1人がつくマンツーマンによる担当制で行っている。担当は固定であるため、学生は目の前の子どもの変化を自分の目で見ながら、塾生と接することができる。解けるようになった問題、繰り返しつまずいてしまう内容、得意または苦手としている教科・単元など、学生は日々担当の塾生と関わる中で、その子どもについての理解を深めていく。

開塾日の流れ

<table>
<tr><th>開始時刻</th><th>活動内容</th><th>塾生</th><th>学生</th><th>スタッフ</th></tr>
<tr><td>15：30～</td><td>開塾準備</td><td>—</td><td>—</td><td>おやつ、授業室準備</td></tr>
<tr><td>16：00～</td><td>学習(1コマ目)</td><td colspan="2" rowspan="8">学習支援シフトに沿って学習
・1対1で学習支援
・1コマ50分、休憩10分
・おやつは学習時間外に控室で好きなときに食べる</td><td rowspan="8">見守り
電話連絡対応
訪問者対応</td></tr>
<tr><td>16：50～</td><td>休憩</td></tr>
<tr><td>17：00～</td><td>学習(2コマ目)</td></tr>
<tr><td>17：50～</td><td>休憩</td></tr>
<tr><td>18：00～</td><td>学習(3コマ目)</td></tr>
<tr><td>18：50～</td><td>休憩</td></tr>
<tr><td>19：00～</td><td>学習(4コマ目)</td></tr>
<tr><td>19：50～</td><td>休憩</td></tr>
<tr><td>20：00～</td><td>閉塾準備</td><td>帰宅20：15</td><td colspan="2">片付け・清掃・軽食・ミーティング</td></tr>
</table>

それは塾生にとっても同じで、よく見知った学生と一緒に学習を進めることで、分からない問題を気軽に質問しやすく、自分の状態や学習の進み具合を理解してもらったうえで安心して学習ができる。この担当制という特徴によって、不安なく勉強する塾生たちの柔らかい表情がよく見られる。この安心感は決して失ってはならないと強く感じる。

「ひこざ」の学習支援には、もう一つ大きな特徴がある。それは、授業時間にやるべきことがまったく決められていないことだ。たとえ入塾の際に、数学と英語を見てほしいという要望だったとしても、あくまでそれは目安で、その時の状況によって別の教科の勉強をしてもよい。

もちろん教材にも決まりはない。学校で出題された宿題に取り組むもよし、学校指定のワークを進めるもよし。その子どもに合わせた学生オリジナルのプリントに取り組む場合もある。また、「ひこざ」にも教材を揃えていて、教材を持参してこなくても、取り組む内容を塾生自身の判断で自由に選ぶことができる。これは担当制であるからこそ可能な強みである。

さらに言えば、授業時間中は必ず何かしらの教科学習をしなければならないというわけでもない。50分をおしゃべりに費やしたり、将棋やオセロ、囲碁あるいはトランプなどのカードゲームに利用してもよい。その時間をどう使うかは塾生と担当学生に任されており、だからこそ自分に合った自分なりの学び方、過ごし方ができる。

こうした学習支援は無料塾である「ひこざ」ならではの長所である。学生たちも日々悩み、塾生や仲間と相談し合いながら、ボランティアに取り組んでいる。このため「ひこざ」には塾生、学生ともに成長できる空気が存在していると言える。

学習支援ボランティア活動

「ひこざ」の学習支援で印象に残った子について話してみたいと思います。その子は当初、普通に話ができたので特に変わりなく見えましたが、実は軽度の知的障害がありました。勉強を教えていく中で、他の子とは少し違う、うまく伝わらない部分に気づきました。どうしたらこの子が問題を解けるようになるだろうと試行錯誤するうち、その子にとって分かりやすい解き方、考え方を見つけられたのです。その時はとても嬉しかったです。

印象深いのが漢数字をアラビア数字に直して計算する問題です。例えば一万三千十二を13012に変換するなどです。その子はずっとこの手の問題を苦手としていましたが、漢数字を一つずつ直していくやり方が合っていたようで、それからはスラスラと解くことができるようになりました。とても嬉しそうで、解けたことによる自信もついたようでした。

私がこのように解法や教え方を考えている中で感じたことは、どんな子でも分かる方法があるということです。それを見つけることは困難かもしれないが、見つけることができればその子にとって大きな影響を与えることができます。理解に至る方法が他の子と違っていたり、少なかったりするだけなのです。それを見つけてあげたいと考えるようになりました。また、それまで以上に特別支援教育などに興味をもって学習するようになりました。

子どもと共に私自身も成長できたと感じた関わりでしたが、他にもいろいろな子どもたちと関わり、様々なことを考えました。同じように他の学生も「ひこざ」で様々なことを考え、学び、思いながら、子どもたちと関わっています。

（鳴海光希）

ミーティングで課題を共有

学習支援活動が終了する午後8時過ぎ、塾生たちが帰ると「ひこざらす。」による任意参加のミーティングが始まる。ミーティングには、遅番の「ひこざ」スタッフも参加し、「ひこざ」と「ひこざらす。」の意見交換・意見共有の場ともなる。前述したように「ひこざらす。」の学生が軽食を食べながら、アットホームな雰囲気の中で話し合いが進む。

実は、サークル結成当初のミーティングは不定期開催で、開塾日ごとに行っていなかった。しかし、担当制という学習支援の特性上、塾生に関する心配事を学生が一人で抱え込みがちであったため、学生同士で相談できる時間をこまめに持とうと、開塾日ごとの開催にした。ミーティングで話し合う主な内容は、「その日気になったこと、全体で共有しておきたい問題や考え」と「その日担当した、あるいは接した塾生の様子」の大きく2つである。

前者の内容は、日々塾生たちと関わる中で浮かび上がる問題や疑問、心配事などを話し合う。何かを決定したり、新たなルールやマニュアルを作ったりすることはあまり求めないで、状況に合わせて対応していこうというスタンスの話し合いだ。きまりが緩く、不安定でもあるが、それゆえに臨機応変さが保たれているのが強みであろう。

　後者の内容は、学生が担当していない塾生を把握するうえで、大きな役割を果たしている。また、毎回の活動の終わりに考えを共有する場を設けることで、活動へのモチベーションが高まり、塾生たちを意識的に見ることにつながる。こうして学生間の連帯感が強まり、サークル結成時に求めた「子どもたちをみんなで見る」機能をより高めている。

　他にも、時期によって「ひこざらす。」企画の各種イベントの計画作成、外部の催しへ参加する際の打ち合わせなども行う。こうしてミーティングで挙げられた事項は専用のノートにまとめ、さらにLINEのグループ機能を利用し、参加していないメンバーも含めたサークル

ミーティングで課題を共有する

全体での情報の共有を心がけている。

新入生の勧誘

「ひこざらす。」が学内で新入生勧誘活動に本格的に取り組んだのは、2017年が初めてだった。それ以前は塾生の数もそれほど多くなく、学生の数が少なくても、混乱なく学習支援ができていた。そのため入学生に対してはあまり積極的な勧誘活動を行わず、2016年当初に「ひこざらす。」に加入した新入生は3人だった。

勧誘活動を進んで行わなかった背景には、学生の人数がそこまで不足していなかったことに加え、「ただ人数を集めるだけで、真剣に塾生と向き合ってくれる学生が入るのか」「いい加減な心持ちで担当についてほしくない」など、新入生の勧誘を優先することへの不安感があったからである。

しかし、新しく入塾する子どもの数はだんだんと増えていった。しかも塾生には受験を控える中学3年生も多く、他の学年に比べて入るコマ数が多い傾向もあり、2016年の後半になるとまったく余裕のない状態になっていた。そこで、翌年の新入生勧誘時期に、勧誘活動を能動的に実施することになった。ひたすら人数を集めるのではなく、塾生と本当に向き合ってくれる学生を集めるために、ビラ配りに加えて、説明会と交流会も開催することになった。

説明会は「ひこざ」の開塾日に開催した。大学会館で説明を終えた後、実際に「ひこざ」に足を運んでもらい、塾の様子を見学した後、「ひこざらす。」の学生のそばで実際の授業を体験してもらう。曖昧なイメージのままで加入するのではなく、雰囲気を肌で感じたうえで判断するのがよいだろうと考えたのだ。

また、塾生、「ひこざ」スタッフ、「ひこざらす。」の学生、そして大学の新入生を交えた交流会を4月終わりごろに催すことにした。交流会では塾生と学生が一緒になってレクリエーションをしたり、塾生たちが帰った後は、学生たちと「ひこざ」スタッフでの簡単な食事会を開いたりする。この交流会はまだ慣れていない

新入生交流会

塾生と学生、あるいは学生同士が一気に親睦を深める貴重な機会となっており、入塾したばかりの塾生との信頼関係を築くためにも重要な役割を担っている。初めはお互い緊張していた塾生が一緒に笑い合える心地良いイベントである。

なお、新入生勧誘活動をどれだけ積極的に行うかという議論は今後も無視するべきでないと「ひこざらす。」では考えている。開塾間もない「ひこざ」であるが、日々大きな変化を重ねており、これからもより良いボランティアの確保が求められていく。

「ひこざ」での活動を通して

私は大学生活のほぼ4年間を通して「ひこざ」のボランティアとして活動してきた。この4年間の生活の土台を作り出したのは、何よりも1年目の経験が大きかった。関わるきっかけは仲間に誘われたことだった。もともと興味があった学習支援に近い場で参加できることが嬉しかった。

「ひこざ」訪問初日、実際に学習支援を行うことになり、その時に受け持った子から、さっそくニックネームを付けてもらった。「眼鏡をかけていて、天才っぽいから天ちゃん！」と人見知りをする様子も見せずに笑って話してくれた。その日うまく教えられたかどうかはよく覚えていないが、ニックネームを付けてもらったことはよく覚えている。

その後、担当として受け持った子は受験生であった。めきめきと実力を伸ばしていく姿を間近で見られるのがすごく楽しかった。できるようになった実感が本人にもあったようで、みるみるやる気になっていく姿を見るのは、私のモチベーションにも強く結びついていた。

その後、新しく入塾してきた受験生の子を受け持ち、受験時期に入ったころ、どうしても時間が足りないことや、受験に対する不安感を取り除いてあげたいという思いから、開塾日とは別の日に場所を借りて、受験対策の勉強会を開きたいという話を学生の間で提案した。すんなり開催とはならなかったが、ついに開催できた日は、子どもたちの不安をあおることなく進み、終わりには皆ニコニコと笑顔で帰っていった。

こうして考えてみると、「ひこざ」は子どもたちにとっての学習の場であり、交流の場であり、我々学生にとっても学習、交流の場であると思う。何よりも様々な喜びを子どもたちに教えてもらうことのできる素敵な場であると私は思う。そんな「ひこざ」が、私は大好きだ。

（成田直矢）

各種イベントと卒塾式

「ひこざらす。」は、前述した新入生交流会の他にもいくつかのイベントを開催しており、夏休みには英語の学習会や理科セミナーを開く。ここでは塾生のために普段の塾ではできない学びの場を用意し、体験型学習を楽しめるよう心がけている。塾での勉強になかなかモチベーションが上がらない塾生も、このようなイベントでは夢中になる姿を見せてくれる。

11～12月ごろには秋の交流イベントを開催し、料理教室や体と頭を使ったミニゲームなどを行う。仲の良い友達だけでなく、あまり関わりのない塾生同士も、皆で協力する場面が多々見られ、塾生の交流の輪がさらに広く深くなる。こうした時間が、「ひこざ」の安心できる

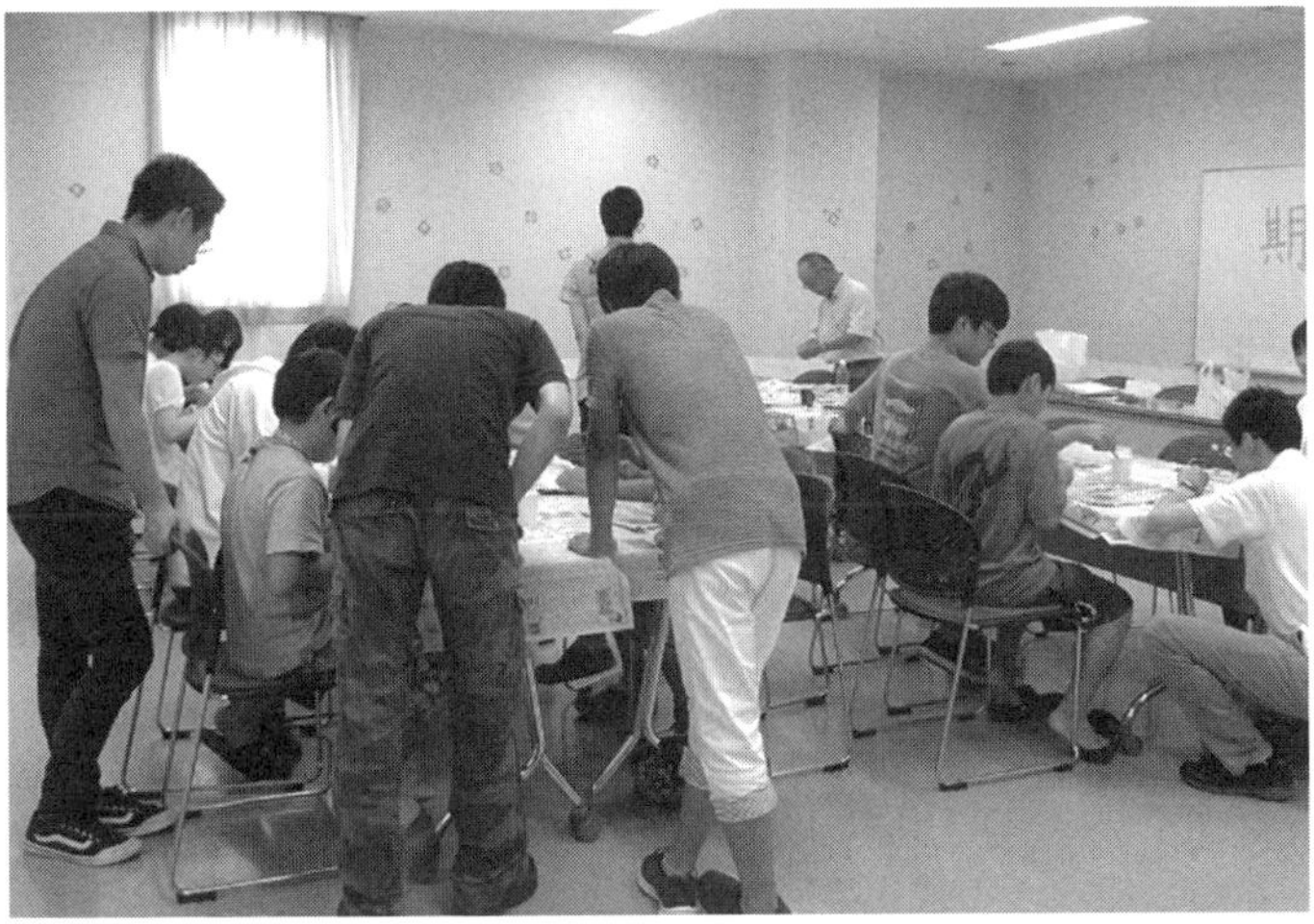

体験型学習を楽しむ夏期セミナー

居場所としての機能をより高めてくれる。

中学3年生の受験が終わった3月の終わりには卒塾式を開く。「ひこざ」設立初年度の卒塾式は6人の塾生たちの卒塾を無事祝うことができた。全員高校に合格という華々しい結果にも恵まれた。卒塾式は二部構成で、前半は小学生と中学生が揃って食事をしたり、クイズを楽しんだりした。後半は小学生が帰宅し、中学生の塾生と「ひこざ」「ひこざらす。」のメンバーが思い出を語り合い、卒塾生を送り出した。

学生にとって、成長した塾生たちの姿を改めて感じさせるこの会は、涙腺を崩壊させる嬉しい時間だった。

2年目は中学3年生が多い年で、初年度よりもさらに多い10人の卒塾生を送り出すことができた。全員参加型のレクリエーションとしてビ

3月の終わりに開催される卒塾式

ンゴ大会を催したところ、前年度の卒塾生も加わり、喜ぶ声や悔しがる声が湧きあがるとてもにぎやかな式になった。後半には、卒塾生がそれぞれ一言ずつ発言し、スタッフと学生からのメッセージを添えた色紙を卒塾生一人ひとりに手渡した。

この時、1人の卒塾生が「ひこざ」の建物を色鮮やかに表現した切り絵をプレゼントしてくれた。その作品は今でも控室の休憩スペースに飾ってあり、スタッフや学生たちを勇気づけている。年度の終わりに開く卒塾式は、日ごろの活動で見られる以上に、塾生たちの優しさや「ひこざ」への思いに気づかされるイベントである。

塾生たちの思いや優しさに触れる

学生にとっての活動の意義

「ひこざ」の活動には、塾生たちの学習支援をはじめ、様々な面で「ひこざらす。」の学生たちが関わっている。大学の講義や、アルバイト、他のサークル活動と両立させながら活動に参加しているわけだが、どのような意義を見出し、日々足を運んでいるのだろうか。学生それぞれだと思うが、２０１７年度に「ひこざらす。」の学生対象に行ったアンケートを基に分析していきたい。

まず、「ひこざ」に参加した理由としては、「教育関係の活動だから」という回答が最も多かった。これは、埼玉大学には教員免許を取得するための制度が充実しており、教職を志す学生が多いことが背景にあると考えられる。次に、「子どもに関わる活動だから」「子どもの貧困に関心があるから」という回答が多い。今を生きる子どもたちや現代社会における教育の諸問題に興味を抱いている学生も少なくないようだ。さらに、「友人・知人に勧められたから」、「学校に近いから」という回答も得られた。友達を通じて参加する学生の輪が広がっていることが窺える。「ひこざ」が友達に勧めたくなる場であることは、とても嬉しいことだ。

次に、「ひこざ」での活動において、学生自身が感じること、思うことについて質問した。「楽しいと思うこと」という質問に対しては、「学習支援」「塾生とのおしゃべり・遊び」「学生

「ひこざらす。」の学生を対象にしたアンケート結果（複数回答・回答者17人）

問１　無料塾「ひこざ」を知った方法

ポスター・チラシをみた	3
友人・知人から聞いた、誘われた	11
新入生勧誘活動	2
その他	2

問２　無料塾「ひこざ」に参加した理由

子どもに関わる活動だから	5
教育関係の活動だから	10
子どもの貧困に関心があるから	5
友人・知人に勧められたから	5
新入生勧誘方法が良かったから	0
「ひこざらす。」の雰囲気が良いから	4
学校に近いから	4
活動日時の都合が良かったから	1

問３　大学生への質問

①「塾生にとって楽しい」と思うこと

学習支援	2
保護者面談	0
塾生とのおしゃべり・遊び	12
学生同士の交流	0
スタッフとの交流	2
塾生のおやつ	12
学生軽食	0
塾後ミーティング	0
新年会	0
新入生勧誘活動	0
春の交流イベント	9
夏季セミナー	4
秋の交流イベント	11
卒塾イベント	7
その他	0

②「塾生にとって有意義」と思うこと

学習支援	12
保護者面談	6
塾生とのおしゃべり・遊び	9
学生同士の交流	0
スタッフとの交流	2
塾生のおやつ	4
学生軽食	0
塾後ミーティング	1
新年会	0
新入生勧誘活動	1
春の交流イベント	6
夏季セミナー	8
秋の交流イベント	8
卒塾イベント	5

③「あなたにとって楽しい」と思うこと

学習支援	11
保護者面談	0
塾生とのおしゃべり・遊び	11
学生同士の交流	11
スタッフとの交流	5
塾生のおやつ	0
学生軽食	6
塾後ミーティング	3
新年会	6
新入生勧誘活動	4
春の交流イベント	5
夏季セミナー	4
秋の交流イベント	5
卒塾イベント	2

④「あなたにとって有意義」と思うこと

学習支援	13
保護者面談	11
塾生とのおしゃべり・遊び	11
学生同士の交流	10
スタッフとの交流	11
塾生のおやつ	0
学生軽食	2
塾後ミーティング	8
新年会	4
新入生勧誘活動	7
春の交流イベント	6
夏季セミナー	5
秋の交流イベント	6
卒塾イベント	6
全体	17

⑤「あなたにとって負担が大きい」と思うこと

学習支援	0
保護者面談	2
塾生とのおしゃべり・遊び	0
学生同士の交流	0
スタッフとの交流	0
塾生のおやつ	0
学生軽食	0
塾後ミーティング	2
新年会	0
新入生勧誘活動	3
春の交流イベント	3
夏季セミナー	3
秋の交流イベント	3
卒塾イベント	3

同士の交流」の3つの回答が多かった。学生たちは人との関わりに楽しさを感じ、気の置けない間柄を築いていることが見て取れる。「ひこざ」は、活動に携わる学生たちにとっても、居心地の良い場所となっているのだろう。

「有意義と思うこと」についても「学習支援」「塾生とのおしゃべり・遊び」の回答が多かった。「保護者面談」という回答も多いが、これは学生たちが担当する塾生に真摯に向き合い、塾外での様子を知ろうと、保護者の声を大事にしているからだと思われる。加えて、『ひこざ』スタッフとの交流」も挙げられており、多世代が交流する「ひこざ」の良さが表れている。

これらの回答から、学生たちは、「ひこざ」で得られる人との交流を有意義なものとし、様々なことを学び、自らの成長につなげていると言える。学生たちにとっては何かを与えるだけの場所ではない。「経済的な困難などの問題を抱える子どもの居場所・学びの場」である「ひこざ」が、活動に参加する学生たちにとっても、居場所であり、学びの場であるのは喜ばしいことである。

アンケートでは「塾生との関わりで印象的な出来事」について尋ねており、その回答を少し紹介したい。

・担当を続けていて、着実に英語を理解してきている様子を見て嬉しかった。
・入学当初から無口だった子が、1年を越えたあたりから徐々に打ち解けてくれた。

・塾生が新入生歓迎会の時に、トランプで新入生をもてなしてくれていた。
・担当していた塾生が、高校の合格発表後、驚かせようと（落ちたと思わせるような）暗い演技でやってきた。しっかり報告に来てくれて良かった。
・塾生と一緒に試行錯誤しながら、勉強方法を探し、志望校合格にまで至ったこと。

ここで挙げた回答はほんの一部であるが、学生たちは日々の関わりの中で見つけた塾生たちの小さな変化に喜びを感じている。塾生たちに前向きな影響を与えられることを楽しみ、そこから学生たちも影響を受ける。「ひこざ」には、知らず知らずのうちに貢献し合う関係が築かれているのかもしれない。これもまた、学生たちが活動に参加する意義の一つといえるのではないだろうか。

「ひこざ」の意義

「ひこざ」で印象に残っているのは、イベントなどの特別な活動よりも、日々の生徒たちとの会話です。「テストの点数が上がった！」という嬉しいことや楽しいことを伝えてくれる日もあれば、「友達とけんかした」などのちょっとした嫌なことを伝えてくれる日もあるなど様々でした。週2日しか顔を合わせることはありませんが、それが何年も続くと、生徒の成長を実感し、たくましさを感じます。

大学1年のころから「ひこざ」にお世話になっていますが、4年目にもなると、生徒も学生も大きく変わります。塾生は兄弟のつながりや、友達からの口コミなどで増えており、学生も熱心な新入生勧誘の甲斐もあって多くなりました。「ひこざ」自身が大きくなってきたのが感じられます。

「ひこざ」には、様々なニーズを求めて生徒たちが通っています。塾として通っている生徒、遊びに来る生徒、居場所を求めに来る生徒などいろいろです。生徒、保護者、スタッフ、学生、それぞれが「ひこざ」に求めるものは違うかもしれませんが、少なくとも通っている生徒は「ひこざ」を楽しみにして来ていると思います。

現在は、生徒数が増えたことで定員数が満員に達しています。それほど「ひこざ」は大きくなり、認知され、必要とされていると思います。必要としてくれる人に対して、できる限りの何かを為すことが、「ひこざ」の意義だと自分は感じます。

これから「ひこざ」は、今以上に良いところを伸ばし、足りないところを補いながら大きくなっていくと思います。良い成長を願っています。


（折出涼太）

第5章

子どもたちの変化と成長

スタッフや学生にとって、最も嬉しいのは塾生たちの変化を感じる時だ。子どもたちは、「ひこざ」でいろいろな人と関わりながら、自ら考え判断し、成長していった。その印象的なエピソードをいくつか紹介したい。なお、登場する塾生たちは仮名とさせていただいた。

●1期生の子どもたち「支え合って乗り切った高校受験」

卒塾1期生は非常に仲の良いグループだった。ここでは、深尾久乃さん、平美菜さん、花田千明さん、篠田真由美さん、中辻沙耶さんの5人組が、グループで臨んだ高校受験の様子を述べていきたい。

深尾久乃さんは「ひこざ」にとって初めての塾生である。さいたま市桜区福祉課からの紹介で、2015年3月3日に中学2年生で入塾した。おしゃべり好きで、ディズニーと日本ハムファイターズへの関心が強く、学生やスタッフに目を輝かせてそれらの話をする姿がよく見られた。

平美菜さんは、久乃さんが「友だちが入りたいって」と突然連れてきた。久乃さんに1か月遅れての入塾だった。好きなものは、松坂桃李とOne Directionと言い、元気で明るく、みんなのアイドルのような中学生だった。

花田千明さんは平美菜さんの友人で、夏休み最中の8月に、「楽しそうだから」と入塾を希望してきた。中学3年生の多くが受験勉強を意識し始める夏休みという時期に楽しいだけで大丈夫かと大いに危惧したが、本人の強い希望で入塾した。入塾して彼女の学習意欲が真剣なものだったと分かった。

篠田真由美さんと中辻沙耶さんは、9月のほぼ同時期に入塾した。2人とも花田千明さんと同じクラスの友人である。受験勉強を意識する2学期になっての入塾だったが、千明さんの前向きな学習実績もあって、不安なく2人を受け入れた。

「分かった！」喜び 「テストができた！」自信

深尾久乃さんは入塾当初、「学校へは行きたくない、勉強は嫌い」「喧嘩になるから女子は嫌い、女子が少ない工業高校へ進学する」と言い、将来はディズニーランドでバイトして楽しく暮らすのが夢とのことだった。自発的に勉強に向かう姿勢はほぼ見られず、担当する学生に促されながら、おしゃべりの合間に学習するという状態だった。

しかし、いざやり始めると、集中して勉強をすることができた。入塾前の中学2年生学年末テストで数学は30点程度と聞いていたが、3年生1学期の中間テストでは70点を超えた。点数が伸び始めてからというもの、数学に対するやる気はうなぎのぼりで、それに比例して点数も伸びていった。

「友だちに数学を教えてあげた」「クラスで、久乃、優しくなったねと言われた」などと話してくれるようになり、「学校へ行きたくない」と言うことがなくなっていった。しだいに下級生に消しゴムを貸したり、小学生の遊びにつき合ったり、「ひこざ」の古株であり最年長としての役割を果たすようになっていった。「保育士になりたい」と将来の目標も決まった。

平美菜さんは欠席も少なく、きちんと「ひこざ」に通ってきた。数学は、その場では解けていても、身に付くのに時間がかかった。しかし、宿題は忘れず必ずこなしてくるなど、学習の姿勢は生真面目そのもの。彼女は5人グループの中心的な存在で、周りには必ず友達がいた。自分の意見をしっかりと持っていて、責任感もあり、家では弟と妹の世話もしているお姉さんだった。中学3年生の終わりごろに、学校で友達とのいざこざがあったようだが、「ひこざ」での5人グループは変わることなく一緒で、支えられて乗り越えたと聞いている。

「楽しそうだから」と入塾を希望した花田千明さんは、当初の印象とは異なり、集中して学習し、時間外にも自習をし、学生をつかまえては積極的に質問をする学習意欲旺盛な生徒だった。入塾当初は英語を中心に学習していたが、12月ごろから「数学の方が心配」と申し出て、数学の学習が中心になる。ノートをとり、分からないところを記録するなど積極的に取り組む姿勢が印象的だった。結果、徐々に入試の出題形式などに慣れていった。

中辻沙耶さんは、入塾時、「勉強の仕方が分からない」と言い、意欲はあっても何をしたらいいのか分からないもどかしさを感じていたようだ。学習意欲は初めから高く、毎回真剣に取り組み、早く来て自習をしている様子がよく見られた。受験に合格したいという思いが伝わってくる子だった。どの時期に何を勉強するかを本人と担当の学生が相談しながらほぼ予定通りに勉強を進めることができた。受験に合格したという報告を聞いた時には、担当の学生が自分のことのように喜んでいたのを覚えている。

篠田真由美さんは、学習に真面目に取り組み、分かったことにはっきりと反応する塾生だった。勉強の仕方が分からないという悩みが強かったが、分からないことを率直に質問することに慣れていくにつれてテストの点数は目に見えて上昇した。70点を超える数学のテストの答案を持ってきた時、担当する学生と二人で喜び合っていた姿が印象的だった。

仲間と共に受験に挑む

5人全員にいえることだが、仲間の存在や関係性が、勉強へのモチベーションを保つことに大きな影響を与えたように思う。もともと仲良しの5人だったが、「ひこざ」で共に学ぶことでさらに仲良くなり、受験を乗り切る大きな力になったようだ。

11月ごろから、中学3年生を対象に理科のグループ学習を始めた。過去に出題された問題を複数人で一緒に解く方式だ。分かったこと、分からないところなどをそれぞれが明らかにし、教え合うなど、お互いの意識を高め合う時間になった。「ひこざ」の受験勉強は1対1で過去の問題を解くスタイルが基本だが、同じ課題を持つ者同士であれば、グループ学習は楽しく学べる効果的な学習形式であることが分かった。

受験直前にはお互いに勉強を教え合う姿が見られるようになった。めざす高校は違っても、一緒に受験に立ち向かう5人の気持ちは頼もしく、学生やスタッフに大きな安心感をくれた。

入試結果発表の日、後述する松島有希さんも含めて6人の塾生が揃って「合格」の報告に来てくれた。大きな歓声に包まれ、「ひこざ」最良の日になった。

高校生になってから

高校の入学式の日も6人が揃って制服姿を見せにきてくれた。みんなのまぶしいほどの笑顔を今でも思い出す。その後もときおり「ひこざ」へ来るのだが、いつでも突然の訪問で、学生や塾生から大歓迎を受ける。訪問の目的は定期テスト対策もあるが、多くは楽しいから来ていたようだ。学生とおしゃべりしたり、塾生をからかったり、「ひこざ」は一段とにぎやかになる。

高校生になり、しだいに足が遠のく中、平美菜さんは深尾久乃さんと一緒に来ることが多く、元気にやっていることを報告してくれた。成績表を見せてくれたが、赤点もなく、数学が一番良い成績だった。久乃さんは最近でもときおり顔を見せる。

久乃さんは高校1年生の後半にクラスで人間関係がこじれて不登校気味になったことがある。「学校はやめるが、保育士にはなりたい」というので、あわてて中卒の保育士への道を調べたりしたが、ほどなく問題が解決したようで、今では部活とアルバイトで充実した高校生活を送っている。「学校はめっちゃ楽しい」と言っていると、母親から聞いて率直に嬉しかった。

「真面目で頑張り屋さんの一面で」

松島有希さんは中学3年生の10月に入塾した。卒塾1期生の中で一番遅い入塾だった。先述した5人とは中学校が異なっていたが、彼女たちとわだかまりなく交流できる力を持っていた。真面目でとても頑張り屋さんで、分からないところは納得するまで考えようとし、勉強に対して前向きな姿勢で取り組んでいた。まずは中学1年生の数学の基礎のおさらいから始めた。受験に間に合うのかと周囲が不安がる中で、飲み込みの早さと真面目さで、ぐんぐんと力を伸ばしていき、他の教科も積極的な取り組みの姿勢を見せた。ただ、分からないところがあってもそれを意思表示できず、硬直して手が止まってしまうことがあった。

学習中に突然の涙

有希さんは、相手の気持ちを考えることができる優しい子だった。その一方で他人の言動に敏感で傷つきやすい一面もあり、学習時でも気持ちが不安定になることが多々あった。

「ひこざ」では入塾時にあえて家庭環境などについて聞くことはしない。有希さんが学生に打ち明けたことによると、彼女の家庭環境はかなり複雑で、勉強のことなどで家族から責められ、相当なストレスを抱えていたこともあったようだ。「ひこざ」ではそれを表に出すまいと必死に頑張っていたが、時々こらえきれず泣き出してしまうこともあった。

そんなことがあった日のミーティングは、有希さんの涙への対応でもちきりになり、遅い時刻まで話し合った。まずは、彼女の受験への不安を払拭することを共有して、学生全体で学習支援にあたることになった。

受験への不安・迷いを乗り越えて

有希さんは、「志望校を下げたほうがいい」という担任の先生や保護者の意見を振り切って、第1志望を受けると自分で決めた。不安はとても大きかったようだが、最後まであきらめず頑張る姿があった。

「ひこざらす。」は、有希さんら中学3年生の受験に対する不安を少しでも減らしたいと入試直前の2月の土日の2日間に、公立入試直前質問タイムを実施し、中学3年生に任意参加を呼びかけた。学生の思いが通じたのか、全員が参加した。

「ひこざ」は有希さんにとって安心できる場所になったのではないかと思う。担当の女子学生には家庭のことを話すなど、様々なことを伝えていた。入塾当初は、「男の人が怖い」と言っていたが、たくさんの学生と関わるうちに、少しずつ警戒心が解けていった。特に担当の男子学生には「お兄ちゃん的存在」として、心を開いた。

受験を乗り越え、合格を報告してくれた時の彼女の笑顔がとても印象に残っている。

「愛すべき首領的存在」

新庄昇くんは2015年3月に入塾した。深尾久乃さんの次で「ひこざ」にとって2番目の入塾生、中学1年生だった。ほとんど欠席することなく、「チワー!」と「ひこざ」の戸を元気よく開けて入ってくる。学校から直行するので野球部のユニホーム姿で来ることが多かったが、学校帰りにもかかわらず、かばんには筆記用具のみ。ほぼ手ぶらの状態が多かった。聞けば教科書やノートは学校に置いたままとのこと。この状態は卒塾までの2年間変わることがなかった。

担当の学生は手書きの教材を作ったり、備え付けの問題集をコピーしたり、工夫しながら学習を進めた。数学が得意で、暗算の正確さ、飲み込みの早さは周りを驚かせた。また、英語のヒアリングが得意で、学生と当意即妙に英会話をこなす力があった。その一方で、字を書くことが苦手で、特に英語は書くことを面倒がり、テスト勉強がなかなか進まなかった。得意な数学でも計算式を面倒がり、暗算で答えだけを出した。

「ひこざ」のムードメーカー

学生にあだ名を付けたり、呼び捨てにしたり、年上の人へもめったに敬語を使うことがない昇くんだった。一見すると、行儀が悪く礼儀知らずに見えるが、昇くん自身が下級生から同じ扱いを受けてもまったく気にしないところをみると、彼なりの親しみの表現と納得できた。

スタッフの話しかけに屈託ない言葉を返し、小学生にも親しく話しかけ、勉強を教えようとするなど「ひこざ」のコミュニケーションの中心だった。声のボリューム調整ができず、学習中でも休み時間と同じ大きさの声で話すので、学習中のおしゃべりを男性スタッフに厳しく叱られたこともあった。それでもイベントには必ず参加し、早い時間から来て、楽しく過ごすなど、いろいろな面で「ひこざ」のムードメーカー的な存在だった。

「寒い！」と頭からお湯をかぶった?!

昇くんにとって「ひこざ」はくつろげる場所だったようで、学習の前後などに、控室の床に寝そべっている姿がよく見られた。下級生などにちょっかいを出されると座卓の下に潜り込んで寝ていた。いろいろ言われてうるさいと思うこともあったはずだが、彼が声を荒げることは一度もなかった。ときおり、学生に寄りかかったりする甘えん坊なところもあった。

その昇くんが服を着たまま、洗面所で頭からお湯をかぶったことがあった。秋も深まった寒い日に、学校から来る途中で強い雨に降られ、傘がないままびしょ濡れになってやって来た。着替えもなく、備え付けのタオルでジャージの水分を取っただけで学習を始めた。

しばらくして、昇くんの席の横を通ると、足元に水たまりができている。聞けば、「寒いから」と、洗面所で頭からお湯をかぶったという。笑うに笑えず、あわててまたタオルで水をふき取ったという顛末だった。

愛される首領的存在へ成長

もともと、誰にでもフレンドリーな昇くんだったが、最年長の中学3年生になってからは、お兄さんのような存在として下級生にも親しく話しかける首領的存在に成長した。

部活を引退してからは早い時間から来るようになり、「ひこざ」で過ごす時間が長くなった。学習姿勢も、2年生のうちはぐずぐずとなかなか取りかかれなかったのが、スムーズに学習に入れるようになり、苦手な英語とも向き合おうとする姿勢ができてきた。

卒塾した深尾久乃さんが「もう要らないんだけど」と受験問題集を持ってきた。昇くんに「要る？」と差し出したところ、即、「要る」と受け取る〝事件〟があった。「要らねーよ」という答えを予想していたが、嬉しい誤算だった。

●――少しずつ打ち解けて「机に向かう習慣がなかった」

梅沢奈菜さんの最初の印象は、ニコニコしていることが多いおとなしい子だなというものだった。彼女は軽度の知的障害があった。入塾の面談時、将来の希望は「パン屋さんで仕事がしたい」と言うのを聞いて、里親さんは「できるかな」と心配したが、スタッフが「奈菜さんの笑顔が見たくてお客さんがいっぱい来るよ」と話したことを覚えている。関わっていくうちによく笑い、自分のことをよく話してくれるようになった。

入塾は中学3年生の1学期で、進学希望ではあったが志望校は決まっていなかった。授業の復習に取り組んだが、勉強をまったくといってよいほどしていなかったようで、勉強に対する苦手意識を持っていた。机に向かっているだけで精いっぱいな様子だったので、教える時は会話を多めにし、本人が苦にならないように心がけた。

息抜きに筆ペンを貸してあげたことがあり、気にいったようで少し書き方を教えるとみるみる上達した。楽しかったのか問題の解答を筆ペンで書きたがった。新しいことに挑戦することが楽しいと思える子なのだと発見した。

笑顔が増え、声が大きくなって

志望校を特別支援学校さいたま桜高等学園生産技術科に決め、入学支援対策を始めた。桜高等学園生産技術科は、パン作り実習が充実していた、生徒の実習の場として「カフェ桜家（さくらけ）」があるなど、「パン屋で働きたい」という奈菜さんにぴったりの進学先だった。

過去の入試問題に取り組む受験対策を始めてからは、前向きに学習に取り組むようになった。初めのうちは集中力が50分続くことが少なく、だれてしまうことが多かった。しかし、学習をするうちに集中力が続くようになり、答えの見直しをするようにもなった。学校のテストも、分からないなりにも空欄を埋めることを心がけるようになったという。それまでは寝ていることが多かったらしい。

ペースは遅くても言われたことを頑張って身に付けていく、そんな本人の成長が感じられた。彼女なりの努力が感じられ、正解率も上がっていった。そして、見事に志望校に合格を果たした時の奈菜さんの笑顔は思いっきり明るく、自信にあふれたものだった。

「寡黙なしっかり者」

越田志穂さんは2015年10月に中学2年生で入塾した。第一印象は、寡黙で物静かな女の子というものだった。

学校からまっすぐ「ひこざ」へ来ることが多いので、早い時間から控室にいて、一人で黙って本を読んだり、絵を描いたりしていた姿が印象に残っている。スタッフが「手伝って」と声をかけると、黙ったままうなずいて、すぐに手を貸してくれた。彼女の作業はいつでも丁寧だった。家では、働く母親を助けて、家事を手伝い、年が離れた妹たちをかわいがり、面倒をよくみる優しいお姉さんだと聞いていた。

学生やスタッフが話しかけると小さな声で短く返事はしてくれるものの彼女から話しかけてくることはほとんどなかった。次々に塾生や学生が来て、控室が騒がしくなっても、まったく意に介することなくマイペースを保っている。学習時間が終わってお菓子を食べた後も控室でゆっくりとくつろいでいた。積極的に話をすることはなくても、「ひこざ」の控室は彼女にとって安心して過ごせる居場所になっていると思えた。

前向きな学習態度

志穂さんは「さわやか相談室」へ登校していた。そこは、いじめや不登校対策の一環として中学校に設置された相談場所で、地域教育相談員が常駐している。毎日きちんと学校へ行くが、クラスの授業には入らなかった。小さい時から口数が少なく、幼稚園でも集団には馴染まない傾向があったという。

学習は前向きに取り組んだ。ちゃんと教材を持参し、しっかり説明を聞き、説明したことは一言一句を逃さずにノートに書き写した。学校のワークブックに自力で取り組み、宿題もちゃんとやってくるなど、家庭学習も頑張った。学校でのテスト結果を持ってきて、学生に教えてもらいながら分からないところを克服しようとする姿勢もあった。理解できるとニコッと笑顔が見られ、学生やスタッフを喜ばせた。淡々と学習する姿勢はいつも変わることがなかった。

趣味の切り絵

入塾当初から、休み時間に絵を描いたり折り紙をしたりしている姿が見られた。その一つひとつが丁寧で上手だった。秋の交流イベントの時に作ったコラージュもなかなかのできばえで、周りを驚かせた。

中学3年生の冬、画家の澁屋史明さんの個展に誘われ、「春」という題名の切り絵を展示した。手が込んだ切り絵で、明るい色が印象的な素敵な作品だった。

卒塾の日、志穂さんは「ひこざ」の建物の切り絵を寄贈してくれた。式が終わりに近づいた時、突然小さな声で「これ」と言ってスタッフに手渡してくれた。嬉しいサプライズだった。制作に1週間を要した力作で、今は額に入れて

志穂さんが卒塾式でプレゼントしてくれた切り絵

控室に飾っている。

志穂さんは、もともと自分の意見をしっかりと持ち、嫌なことは「NO」と意思表示できる子だった。最初は声をかけられたときに返事をする程度の短い会話だったが、次第に長く話すようになり、特に趣味の切り絵の話については熱心に話すようになった。親しさを感じている学生などへは切り絵を見せるなど、自ら言葉をかけるようになった。2017年6月には、さいたま市中央区美術家協会展にも誘われて出展するなど、意欲的に切り絵制作を続けている。

卒業後は通信制の高校を選んで進学し、現在は充実した高校生活を送っている。今でもかなりの頻度で控室へ来ては宿題を済ませたり、切り絵の下書きをしたりする姿がある。

「将来の展望を見出し学校へ戻る」

徳井詩織さんは梅沢奈菜さんと同じ里親さんの家で暮らしていた。2015年9月に「ひこざ」の自習生になった。県立高校の1年に在籍していたが、入学早々に不登校になり、教科書も受け取らないまま2学期になっていた。

引きこもっている詩織さんを心配した里親さんから相談を受けたが、高校生は受け入れ対象外であることから、支援者と学習時間を設定しない「自習生」として受け入れることになった。「手伝いもいい勉強になるので、ボランティアとしても扱ってやってください」という里親さんの言葉もあり、詩織さんは「ひこざ」の一員になった。

控室が好きで、早い時間から来て座卓で学習をした。年齢的なこともあって、塾生から孤立ぎみだったが、話しかけられた人には初対面であっても気さくに会話するフレンドリーな性格だった。そういうこともあって、詩織さんの周りに次第に人が集まり、学習に付き合ったり、おしゃべりしたりすることが増えていった。姿が見えないと、「詩織さん、欠席？」というほどに、控室の主的な存在になった。

医者になりたい

「医者になりたい」という希望があり、在籍している高校では医学部への進学が難しいので、高校受験をやり直したいと話した。そのためには受験学力を大幅に引き上げなければならない。毎回、開塾を待っていたかのように早い時間からやってくるが、中学校の教科書など教材になりそうなものが、彼女の手元になかった。中学を卒業して里親さんの元へ移ってくる時に持ってこなかったとのことで、「ひこざ」備え付けの問題集をコピーしたものを教材として渡した。

自習生なので、担当の学生はいない。手が空いていそうな学生に積極的に声をかけては教えてもらっていたが、どうかするとおしゃべりのほうが多くなって周りを心配させた。2学期の半ばを過ぎてもおしゃべり半分の学習状況は変わらなかった。

力を蓄えて学校へ戻る

11月に入っても、受験勉強の進み方がはかばかしくないため、スタッフから呼びかけ、里親さんも交えて進路について話し合った。受験するか在籍の高校に戻るかという選択肢が浮かび上がった。受験したいという彼女の意向から12月の北辰テストを受け、その結果でどちらにするかを最終判断することになった。

話し合ったことで在籍の高校に戻るという選択肢が詩織さんの視野に入ってきた。高校卒業までは里親さんの家にいられることが確認でき、不安が解消され、安心できたことも話し合いの成果だった。

結果、在籍の高校へ留年して戻ることを年末に決心した。年が明けてからは、スタッフからプレゼントされた高校1年生の数学問題集にチャレンジするなど、4月からの高校生活への準備を始めた。

入塾当初、詩織さんの学習意欲は高くなかった。進路を決めて学習するにつれて、卒塾するころには勉強の楽しさや将来の展望を見い出していった。その後、再出発して迎えた1学期中間テストで数学が良い点数だったと晴れ晴れした顔で報告に来てくれた。

「勝気な負けず嫌いの頑張り屋」

古谷千波さんは2015年4月に中学2年生で入塾し、塾生の中では古株に入る。児童養護施設で高校生のお姉さんと暮らしていた。入塾当初は口数も少なく、ほとんど笑顔がなかった。好きなものはYouTubeの視聴と典型的な今どきの中学生だが、シルバースタッフには「対応が難しい塾生」と映っていた。

学習では、頭の回転が速く、記憶力も良く、集中力もかなりのもので、集中すると驚異的なスピードで課題をこなしていった。その一方で、苦手な教科に対する拒絶は強く、特に苦手な英語では長文を見ると眉をしかめた。「外国へ行かないから英語は必要ない」と言い切って学習支援者を困らせた。

学生との対話を楽しみながら

学習支援の担当の学生が固定してからは、嘘のように気難しさが解けていった。楽しそうで落ち着いた学習態度に変わり、目に見えて明るくなった。

1年経過して中学3年生になったころからは、担当以外の学生と話が弾むようになり、他の塾生との会話も増えた。同学年の塾生が増えて、おしゃべりが楽しめる環境になったことも良かったようだ。友だちと笑顔で戯れる姿がよく見られるようになり、それに伴なって、スタッフともスムーズな会話が成り立つようになり、下級生にもお姉さん的な優しい視線を向けるようになった気がする。

勉強への意識が変わった

千波さんの希望で、中学3年生になってから通塾回数を週1回から週2回に増やしたが、休まずにきちんと通ってきた。テストの点数や成績が上がったことも、学習意欲を高めたようで、休み時間でも一人で授業室で自習する姿が見られるようになった。

英語の苦手意識は相変わらずだったようだが、好きなＹｏｕＴｕｂｅに絡めて問題を解いたり、ポイントを覚えたりなど、学生の工夫に支えられて、見事に受験勉強を乗り切った。

子どもの成長と学びの場

「ひこざ」にやってくる子どもたちは、それぞれが個性豊かで、家庭環境も様々である。紹介したエピソードはほんの一部だが、「学ぶ」ことが人と人との関わりの中で大きな影響力を持っているのが分かると思う。

一緒に考え、時間をかけて、その子に合った学習方法を見つけ出す。その過程で子どもが自分で考える力を身に付けていく。一人ひとりに向き合う中で子どもは変わってゆく。

「子どもが自分自身を大切にし、ものごとを自分で考え、決めて生きていける力をもつ」ことが、成長するということであり、大人にとっても新たな発見と学びの機会となる。それが「ひこざ」の目指す方向であり、関わる人々の喜びになっている。

第6章

「ひこざ」の魔法力

「ひこざ」には人を変える魔法力がある。その力は「無料塾」という多様な人々の関わりの中で生まれる。塾生をはじめ、学生ボランティア、住民スタッフ、地域の人々が、互いに影響し合い、次第に変わっていく。それは人々が共にこの社会で生きていることを実感する瞬間でもある。

「無料だからの関係」

上下がない関係

「ひこざ」の趣意書には「経済的な困難などの問題を抱える子どもの居場所・学びの場をつくりたい」とうたっている。学習支援などを無料で行い、住民スタッフと学生ボランティアの全員が無償で活動している。「無料」であることの意義は大きい（無料塾「ひこざ」の活動は、地方自治体による学習支援事業と混同されることが多々あるが、その違いについては、第7章で詳しく説明したい）。

「ひこざ」では塾生の欠席・遅刻は担当学生がチェックするが、スタッフと学生の出欠状況についての管理はない。考えてみればタイムレコーダーや出欠表のデータが必要になるのは、管理者が被管理者の賃金を計算したり、行動を評価したりするときである。無償ボランティア活動で運営している「ひこざ」では、そのどちらにも必要性がないのは当然のことだ。学習支援活動は塾生ごとに担当学生名が記されたスケジュール表で進行する。スタッフや学生の名簿は、ボランティア保険に加入するためにだけ作成する。

雇用者、被雇用者という上下関係や、達成義務といった縛りはない。対等な立場で意見交換ができ、自発的な活動として分担・協働が可能になる。

ある学生は「(学習支援をはじめ様々な)取り組みに対してスタッフさんは学生の意見にもしっかりと耳を傾けてくれるため、改善のための話し合いが有意義である。これはどちらが上という関係ではなく、双方が尊重し合っており、子どものためを考えることができているからであると考えられる」という意見を寄せてくれた。

管理者がいない活動は参加する一人ひとりが主体的に考えて動くことで成り立つ。塾生への対応は、趣意書の「子どもが、自分自身を大切にし、ものごとを自分で考え、決めて生きていける力をもつ手助け」をするという原則のもとに、スタッフと学生にすべて任されている。問題が発生したり、解決しなければならないことが起きたりしたときは、全体の問題として話し合って解決する。

子ども一人ひとりにゆっくりと寄り添い、学習の量や成果を焦らない、学生と子ども双方がのびのびと学習する「ひこざ」の雰囲気は、上下がない関係から生まれている。

塾生は「お客さま」ではない

「ひこざ」では学生を「先生」とはほとんど呼ばない。多くの塾生は学生を名前やあだ名で呼ぶ。学生も近所の子どもに対するお兄さんお姉さんという立場で接する。

学生とおしゃべりやゲームをするのが楽しくて来る塾生も少なくない。学習に身が入らないときは、塾生のやりたいことに付き合う。だからといって何をやってもよいわけではない。他の塾生の迷惑になる行動、人を傷つける言葉などは、気づいた人がその都度注意する。注意すべきかどうか、どのような言葉をかけるかは、「自分の子どもだったら、孫だったら、弟・妹だったらどうするか」を判断基準にしようと話し合っている。

塾生は「お客さま」ではない。居心地が良い場所「ひこざ」を一緒につくっていく大切な仲間だと思っている。それが伝わるのか、備品を丁寧に扱ってくれたり、狭いスペースを譲り合って過ごしてくれたり、「お菓子代は大丈夫?」などと声をかけてくれたりする。その姿は頼もしく、見ていて嬉しくなる。

そうは言いながらも、年4回実施する交流イベントに塾生は参加するだけになっている。企画・運営に塾生も参加できるようにすることが今後の課題である。

近所付き合いの延長として

「ひこざ」のスタッフは地域の住民である。開塾日の仕事は、子どもを迎える準備に始まり、諸連絡への対応、控室の見守り、清掃、ミーティング参加、食器などの片付け、戸締りで終わる。午後3時半に始まり、終わりは午後9時を過ぎる。午後6時までの早番、それ以降の遅番以外に、開塾前のお菓子の準備、閉塾後の清掃や食器などの片付けだけを担う人もいる。近所の方々が、夕方の忙しい時間や入浴を済ませた夜の時間に「ひこざ」まで出かけてきてくださるのだ。

地域の人からご厚意を受けることもしばしばである。近くの埼大生人気のラーメン店からラーメンを提供していただいたり、パテシエを目指す女性が手作り菓子を届けてくださったりする。他にも塾生の保護者や学生からもお菓子の差し入れがある。

面倒なことはお金を払って人に頼む、贈り物もインターネットで注文・配達してもらって済ませる時代に、足を運んできて手伝ってくださる、心遣いあふれたものを手渡していただけるのは本当にありがたいことだ。大いにはげまされる。

支援してくださる多くの方々は、「放っておけない」「ちょっと手伝ってやるか」「おすそ分け」など、近所付き合いの延長として「ひこざ」に関わってくださっているのではないか。そうしたことにふと気づいた。これも「無料塾」ならではのことではないだろうか。塾生はじめスタッフや学生にとって「ひこざ」が居心地の良い場所であるのは、このような近所付き合いがあってこそだと思う。

「一人ひとりが主役」

「規則」がない塾

「ひこざ」には「ゲーム機を持ってきてはいけない」などの規則がない。また、「あいさつをしなさい」という決まりもない。「規則であるからしてはいけない」「決まりだからやりなさい」というのでは納得しない子どもがいる。また、規則や決まりは、事情があって従うことができない人を排除し孤立させることにもなりかねない側面を持つ。

ゲーム機の対応策として、「みんなでトランプしよう」などと声をかけ、一緒にいる楽しさを共有するほうへ誘導することになっている。「してはいけない」ではなく「しようよ」が基本である。

このような原則が最初からあったわけではない。想定外の問題が起こったときに、一つひとつをミーティングで話し合って、解決の方向を決めてきた結果である。問題を検討する視点は、渦中の塾生が自分の身内の子どもだったらと想定することにしている。学生やスタッフ自身の家族や家庭での子育ての知恵を持ち寄って考えるということである。

塾生が抱えている課題や事情に個別に対応していくのがこの塾の大きな特徴の一つである。自分が大切にされていることが感じられると、他者、特に弱者への思いやりを育むことになり、お互いの違いを認め合う付き合いが自然にできあがってくる。

多様性のある小さな社会

「ひこざ」の塾生は、学年や学校が異なるだけでなく、特別支援学級に通う子、不登校の子、児童養護施設や里親さんの家で暮らしている子など多様で、通塾の理由も「経済的に有料塾へ行けない」「引きこもりなので居場所が欲しい」「低学力で塾に受け入れてもらえない」以外に、「1対1で分かりやすい」「楽しい」など実に様々だ。

学力向上が一番の目的の子は授業室に陣取り、周りがどんなにうるさくてもひたすら学習する。ゲームやおしゃべりが目的の場合は早くから来て控室で相手が来るのを待っている。ゆったり過ごしたい子も早い時間から来ることが多く、控室の一角に居場所を見つけて、周りで他の子が遊んでいるのを眺めている。学習時間になると担当の学生から声がかかるが、学習を強制されることはない。「ひこざ」での時間をどのように過ごすかは自分で決める。

狭い授業室では1つのテーブルで2組4人が学習することがよくある。学年も違うし、取り組んでいる教科や内容も異なる。顔の距離が近く、お互いの声が聞こえる状況でそれぞれが学習する。休み時間になると、控室の座卓を囲んでおやつを食べたり、おしゃべりやゲームをしたりする。こちらも、居合わせた子どもが肩をくっつけ合いながらやっている。

「塾生はどういう子たち?」という質問に簡単には答えられない。強いて言えば、「申込順に受け入れた地域の子ども。ただし、引きこもりや学習障害など、必要性や緊急性が高い相談には学習時間などを調整して優先的に受け入れている」と。

いい加減だと思う人がいるかもしれない。「子どもの貧困を問題にするなら、なぜ経済的な問題、発達障害など、困難を抱えている子どもに絞らないのか」と聞かれることがある。でも考えてみれば、困難を抱えている子が楽しく過ごせる場所は、そうでない子も一緒に楽しく過ごせる場所だろう。いろいろな子がいて、一人ひとりに配慮が行き届いた場所は、困難を抱えている子が自然体で溶け込め、独りぼっちにならない居場所になると思う。

行政が行う学習支援は貧困対策事業だが、「ひこざ」は地域コミュニティ活動だと思っている。「地域の子どもの学びと居場所をつくる」という目標を皆が共有している。狭いながらも多様な人が集う小さな社会、地域コミュニティである。

互いを尊重し学び合う関係

「ひこざ」に集う人々の目的はそれぞれ異なる。学生のボランティア参加の動機も様々である。子どものやりたいことを支援する、否定せずに認める、勉強を無理強いしないなどの原則以外は学生を縛るものはない。

ここでは塾生の様子を見ながら、学習したり、遊んだり、創意工夫をこらして塾生に向き合う。学生が塾生を一方的に「教える」「指導する」という関係を離れて、なぜ学習に身が入らないのか、なぜ会話が成り立たないのかなどを塾生の立場に立って考える。それだけでもお互いの関係が変わってくる。自分を受け入れてくれる人を自らも受け入れるという信頼関係のあり方は年齢を問わない。

スタッフも不安や課題を抱える塾生について心配する一方で、その塾生から優しい言葉をかけてもらうと大喜びする。学生が誠実に塾生に対応しようとする姿勢を見て、自分の配慮のなさを反省することもある。あるいは学生同士のおしゃべりに若者文化を垣間見て元気をもらう。手がかかる作業や力仕事は学生や塾生が買って出てくれ、自然に差し出される気遣いに気持ちが温かくなる。

子ども・学生・地域住民の3者がそれぞれの目的を持って集まり、互いに尊重し学び合う関係で「ひこざ」は成り立っている。

自己肯定感を育む場

「自分には、良いところがある」という自己肯定感はテストの正答率が低いほど低くなるという調査結果（平成28年度全国学力・学習状況調査）がある。このことから、子どもにとって、テストで点が取れるかどうかは自己評価の大きなポイントになっていると分かる。

例えば、学習に取りかからない子に「勉強しようよ」と声をかけると、「頭が悪いから、勉強は無理」「気楽にバイトしながら暮らすので勉強は要らない」などの答えが返ってくることがある。この傾向は学年が上がるにつれて高くなる。

現在、中学3年生の通塾率は6割を超え（全国平均、平成27年度全国学力・学習状況調査）、年間塾費用は約32万円（全国平均、平成28年度に文部科学省発表）という現状がある。当塾が立地するさいたま市桜区下大久保周辺は貧困などの問題を抱える世帯が多く、校区内にある市立A中学校の中学3年生の通塾率は58・5％（平成29年）と、全国平均61・6％、埼玉県平均67・4％（平成27年度全国学力・学習状況調査）を大きく下回っている。

経済的な壁に悩むシングルマザーが「中学校に入って授業についていけなくなった。塾へやりたいが月謝が高くて無理」と嘆く声を聞いたことがある。「周りの友だちはみんな塾に通っ

子どもたちを取り巻く負の環境

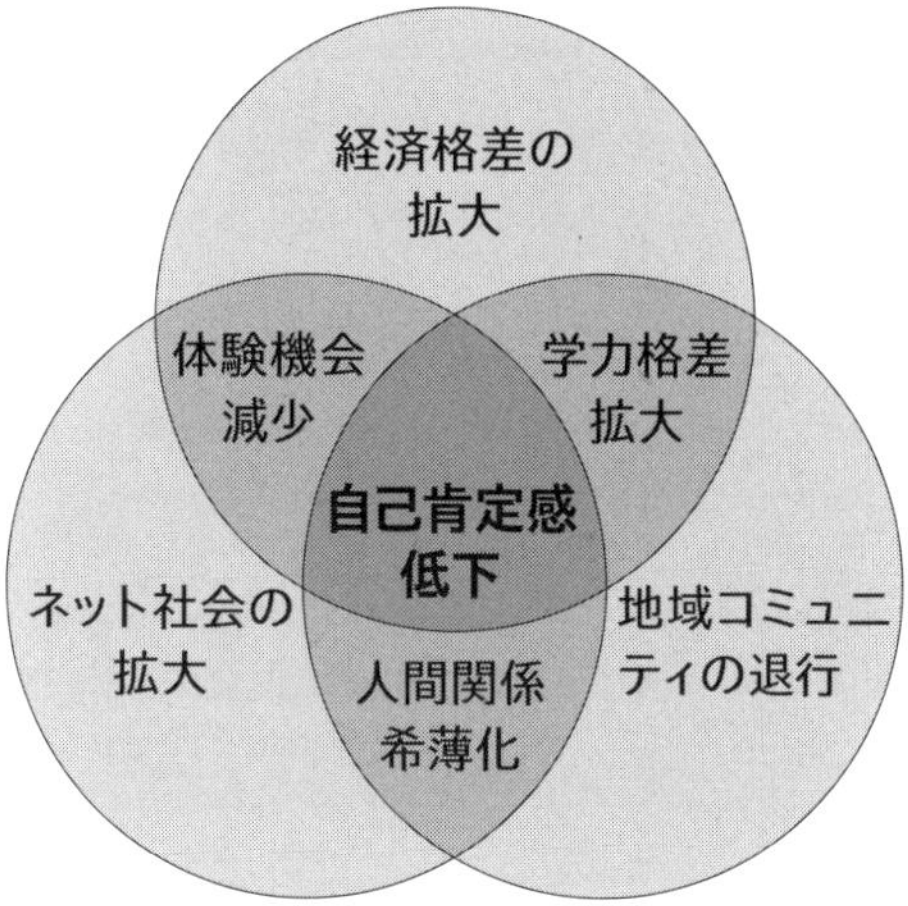

ていて肩身が狭かった。これで塾に行っていると言える」という塾生の言葉を聞いた時は複雑な気持ちになった。

「ひこざ」では、必ずしもテストの点数だけで将来が決まることはないこと、塾生一人ひとりが「自分には、良いところがいろいろとある」ことに気づき、自信と誇りを持ってもらうことを目標にしている。

２０１５年10月に当塾で実施したアンケートで塾生は、「ひこざ」が自分にとって良かったこととして「偏差値が6上がった！」「家で勉強するようになった！」「分からない問題が分かるようになった。話し相手がいるからいい。楽しいところ。自分の居場所」「頭が良くなった。テストの結果が良くなった」などと、テストの結果が良くなったことを一番に挙げている。

1対1の担任制での学習は進歩が見えやすい。前回はできなかったことが今回はできたことを塾生と一緒に学生も喜ぶ。友だちや学生と話したり遊んだりする中で、どんどん快活になり、変わっていく塾生は少なくない。これまで気づかなかった自分の力を発見したり、楽しいことに出合ったりしながら、得意なことが増えていくからだと思う。

気が許せる仲間・友だちがいる、迎え入れてくれる居場所がある、寄り添い認めてくれる人がいる。思うようにいかないことがあっても、へこまずにまた一歩前に進もうと思う自己肯定感を育む。これが「ひこざ」が目指すことであり、「ひこざ」でできることだ。

「夢」と「夢」をつないで

安藤聡彦●埼玉大学教育学部教授

1 「夢」と出会う

浦和で長く公民館職員・館長を務めてこられた片野親義さんから「お願いがあります」というタイトルの長いメールを頂戴したのは2014年2月のことだった。

> 地域に「桜区の地域と生活を語る会」という会がありまして、私もそのメンバーで例会を開催しています。メンバーの中に「生活と健康を守る会」の活動をされておられる角田さんという方がおられます。角田さんは、最近、地域で貧困などの様々な事情によって学校に通学できない子どもたちが増加していることに心を痛めておられます。自分の体が動くうちに、そうした子どもたちの力になれる「無料塾」のような広場を開設したいという夢を持っておられます。

本稿を書く機会を与えていただき、久しぶりにこのメールを読んだのだが、そこに「ひこざ」で今実現されていることのエッセンスがすでにほとんど書き込まれていることに驚いてしまった。例えば、「『無料塾』のような広場」という表現には、「無料塾」が単なる補習塾を目指すものではないことが示されている。場所やスタッフの問題にもすでにある程度の見通しがついていることが記されている。角田眞喜子さんが一番心配されているのは「事務局を担当してくださる若い方はいないだろうか」という点であると片野さんは気遣っていらっしゃる。

すぐに終了してしまう活動ではなくて、これから長い間継続していく活動を構想しておられます。学外の地域に教育実践のフィールドワークのできる場所が実現することになりますので、教育に関心のある学生さんの皆さんにとっても有意義なことではないかと思います。また、若い学生の皆さんに加わっていただくことができて、活動が引き継がれていくことになったら、地域の皆さんにとっても素晴らしいことではないかと思います。部外者の思い込みですが、両者にとってそんなことが実現したらいいなぁ…などということを勝手に考えています。

このメールを頂いたぼくのほうは、それはまことに素晴らしいことなのだけれど、今の大学の中で学生さんたちが一つの取り組みを継続していくことはすこぶる難しい、とにかく一度角

田さんたちとお話ししてみたい云々、などと返信している。明確なビジョンを語る片野さんのメールに対する我が返信メールの頼りなさに、今さらながら思わず赤面したことを告白しておこう。

いずれにしても、このメールからほどなくして角田さんや石川巌さんをはじめとする「ひこざ」の皆さんと実際にお会いし、直接「夢」をお伺いして、そのひたむきさと行動力に圧倒されてしまった。皆さん本気だった。地域に子どもたちの居場所を──何と素敵な夢の描き方なのだろう。その「夢」がこの5年の間に一人ひとりを動かし、地域を変え、大学を変えていった過程が本書には克明に描き込まれている。

2「夢」の核心

角田さんたちの「夢」は、今日の「ひこざ」の理念として、次のように明確に語られている。

> 子どもは親の宝であり、社会の宝です。健やかな心と身体を育めるよう教育を受け、豊かな環境で育つ権利がすべての子どもにあります。子どもの学ぶ権利を守るために「経済的な困難などの問題を抱える子どもの居場所・学びの場をつくりたい」と

考える地域の人が集まって、大久保の地に、利用料無料で運営する無料塾「ひこざ」を開設しました。無料塾「ひこざ」では、「子どもが、自分自身を大切にし、ものごとを自分で考え、決めて生きていける力をもつ手助け」をしたいと願っています。

本書を通読すると、「ひこざ」の活動にはこの理念が隅々にまで行き渡っていることがよく分かる。いや、その行き渡り方があまりにも見事なので思わず感嘆してしまった、というのが偽らざるところである。「ひこざ」に集う子どもたちも、大人たちも、そして「ひこざらす。」を立ち上げ、活動を担う学生さんたちもほんとうに大切なことをやってこられた。その小さな取り組みを通して成し遂げられてきたことの大きさにぼくは心から感動したのだった。

決定的に大事なのは、「自分自身を大切にし、ものごとを自分で考え、決めて生きていける」という目的論だ。それは人がこの社会の中で主権者として生きることを意味する。「ひこざ」では大人たちと学生たちと子どもたちとがゆるやかに関わり合いながら、一人ひとりが主権者としての個性的な育ちを遂げている。

管理者がいない活動は参加する一人ひとりが主体的に考えて動くことで成り立つ。塾生は「お客さま」ではない。居心地が良い場所「ひこざ」を一緒につくっていく仲間だと思っている。

子ども・学生・地域住民の３者がそれぞれの目的を持って集まり、互いに尊重し学び合う関係で「ひこざ」は成り立っている。

とりわけ最後の「互いに尊重し学び合う関係」というのがキモなのだと思う。学びの場に最も大事なものは、相互信頼に裏づけられた主権者同士のこの共同的《コミュナル》な関係なのではないだろうか。現代社会の中の学校でも大学でも地域でもなかなか実現しがたいこの関係を時間をかけて粘り強く育み合ってきたところに「ひこざ」の価値の核心がある。「ひこざ」はなりは小さいが、成し遂げていることは偉大である。

３ 大田堯先生の「夢」に重ねて

暮れも押し迫った２０１８年12月23日、戦後日本の教育研究をリードされてきた大田堯先生が東浦和にある御自宅で亡くなられた。１０１歳のお誕生日を３か月後に控えてのことであった。

大田先生は、晩年「自分は夢に生かされている」ということをおっしゃっていた。では、大田先生の「夢」とは何であったのか。それは、端的に言えば「アートとしての教育」でこの世界が満たされていくことであった。先生は、学校を含む現代日本の社会全体が「やらされ社会」になっていることにきわめて強い危機感を抱いておられた。世界を席巻するマネー中心主義と競争至上主義、それに基づく人間の孤独化現象がそれを支えている…先生はそう見ておられた。では、いったいどうすればいいのか。先生にとって、そこからの脱却をはかる「かすかな光」＝「夢」が「その子、その人の生命とひびき合う」「アートとしての教育」であった。やや長いが、先生が晩年にまとめられた『自撰集成』から先生自身の言葉を引いてみよう。

> この社会の根本的機能としての教育は、あくまで個体生命一つひとつ、一人ひとりの「根源的自発性」を前提に、その子、その人の生命とひびき合うことが必要でしょう。そのユニークな個体自身の自らなる選択を第一義とすべきでしょう。
> 「啐啄同時《そったくどうじ》」というむずかしい言葉があります。「啐」とは、ヒナが卵の内側からコツコツとサインをおくること、「啄」は外から親鳥が殻をつっついて、間髪を入れずに「同時」に卵を割ることをいいます。この内外のひびき合いの中で、新しい生命誕生ということになるのです。この言葉は、本来禅から生まれたもので、師弟間でひびき合って、一瞬悟りの境地が出現する、まさに生命のひびき合いの中で、師弟でそれ

ぞれ世界創造の境地に達した瞬間をとらえて、表現された言葉だとされています。
これは、いわば教育の成果達成の極致というべきものかと考えます。最高の教育であり、アートというほかないような瞬間でしょう。私は『山びこ学校』（無着成恭編）を、最高の教育をめざす象徴的な教育実践の一つとして、「啐啄同時」というむずかしい表現をあえて使わせていただいたことがありました。敗戦から1950年代初期までの、私のいう「あけぼの」の時代には、『山びこ学校』だけでなく、岐阜県恵那郡での集団としての注目すべき実践例があり（例えば、石田和男『夜明けの子ら』もその成果の一つ）、その他に東北地方の北方教育のグループや、関西、四国、九州などに、生活綴方や、その精神に連なるかなりの傑出した教育実践がありました。勿論それらの実践は、戦前・戦中の生活綴方の偉大な遺産を受けつぐものでした。（中略）
これらの実践は、一人ひとりの子どもの生命にひびき合う実践だけに、比較的規模の小さい学校でなされました。スモール・イズ・ビューティフル、いまでは学校現場で統制が強まるにつれて、いわゆる進学校とは異なった、小規模な私学、私塾、フリースクールなど、多様な教育の場への避難が始まっているように、私には思われます。アートとしての教育は、いまこの困難な中で声をひそめて、未来の扉を開くことをめざして悪戦苦闘の只中にいます。

──『未来の扉を開くこと』──(『大田堯自撰集成　第1巻』藤原書店・二〇一三年・7〜8頁)

大田先生が書かれたこのくだりを再読して、「ひこざ」の取り組みが「未来の扉を開くことをめざして悪戦苦闘の只中」にいる実践であり、それはまさに「多様な教育の場に避難が始まっている」「アートとしての教育」の一つの具体化なのだということに合点がいった次第である。

「夢」は描くことも実現することも難しい。だが、さらに難しいことは、実現された「夢」を持続させていくことだろう。「ひこざ」を生み出すために膨大な努力が必要であったことは本書の語る通りであるが、これからそれを維持し発展させていくためには、場合によってはこれまで以上に多くの努力が必要になることもあるだろう。誰もが苦しい、と思う時が来るかもしれない。だが、そんな時、「夢」がどのように生み出され、どのように実現されていったのかを記述した本書は、汲めども尽きぬ泉のように後から来る担い手の皆さんに智慧と勇気をもたらしてくれることだろう。

たくさんの「夢」が折り重なった場である「ひこざ」が、これからも小さな灯火をともし続けてくださることを、そこから育った皆さんが世界のあちこちで今度は自分色の灯火をともし、次の世代を育んでくださることを、ぼくもまた自らの「夢」とし、埼大での自らの仕事を続けていきたいと思う。

第7章

地域型の無料塾を始めてみませんか

「無料塾とは？」

「ひこざ」について、地域住民が自主的に立ち上げたこと、寄付や助成金を頼りに無償ボランティアでやっている現状などは、時間をかけて説明しないと理解してもらえない。「無料塾をやっている」と言うと、「〝無料〟って言うけど、行政からお金が出ているのでしょう？」「無料の学習支援はうちの市もやっているよ」などと返ってくることがある。自治体による学習支援も、大学生や地域住民などがボランティアとして活動していて、その点が似ているために混同されるのだと思う。

「ひこざ」があるさいたま市では、生活保護世帯（ひとり親世帯も含む）の中学生・高校生を対象に、各地の公共施設で「学習支援教室」を実施している。この「学習支援教室」へは埼玉大学の学生もボランティアとして参加している。「さいだい交流ひろば」の呼びかけで、学習支援ボランティアが交流する機会もある。かつて「ひこざ」と「学習支援教室」両方に通う子どももいた。

活動が重なる部分があるため「学習支援教室」の運営組織と、必要に応じて情報交換をしている。両方に通う子どもの状況確認、遠方からの「ひこざ」入塾希望者に居住地に近い「学習

無料塾の大まかな分類

・自治体が事業として行っているもの
・地域住民有志などが独自で行っているもの

（地域型の無料塾）

自治体による学習支援事業：埼玉県が2010年に全国に先駆けて生活保護世帯の中学生を対象に無料学習支援事業を開始。2015年「生活困窮者自立支援法」制定をきっかけに全国的に広がった。2017年度では504（56%）の自治体が取り組んでいる（「平成29年度 生活困窮者自立支援制度の実施状況調査」集計結果）。それ以外に「ひとり親家庭の学習支援」、「地域未来塾」（文部科学省）もある。

支援教室」を紹介するなどである。

なぜ、自治体による学習支援事業がありながら「ひこざ」をやっているのか。

「ひこざ」の趣旨は地域で「子どもが、自分自身を大切にし、ものごとを自分で考え、決めて生きていける力をもつ手助け」をすることである。学習支援を事業の中心軸にするものの、学習を強制しない。困難を抱えた子どもを優先しながら、地域の入塾希望者にできるかぎり応えることを基本にしている。多様な子どもを受け入れる点が「学習支援教室」とは異なる。

規則がない代わりに、子ども一人ひとりに応じて、話し合いながら柔軟に対応してきた。「特別扱いになる」と問題視する意見もあったが、生活状況や抱える問題は人それぞれであり、もともと人間は一人ずつ「特別な存在」である。一人ひとりに向き合って対応することで、塾生も「ひこざ」を大切に思ってくれる。笑顔が増え、主体的に話しかけてきたり、自主的に学習をしたりするようになる。

「ひこざ」でこのような対応ができるのも、住民が自主的に立ち上げて運営している地域型の無料塾だからである。こうした「無料塾」を多くの地域で立ち上げてほしいと願い、様々な疑問に答えようと思う。

「地域で子育てをするとは？」

2年ほど前に「マンション内であいさつをしないことが管理組合でルール化された」という新聞記事を見て、大きな衝撃を受けた。

小学生を持つ住民から「知らない人にあいさつされたら逃げるように教えているので、マンション内ではあいさつをしないように決めてください」との提案があり、その提案に年配の住民が「あいさつをしても相手から返事がなかったため気分が悪かった」と賛同意見を出したことで意見が一致し、最終的に「あいさつ禁止」のルールが明文化されることになったという。

我々の地域でも「むやみに子どもに声をかけてはいけない」ことが常識になりつつあり、顔見知りでない子どもへの「あいさつ」を自粛してしまうことがある。声をかけ合うことすら難

近所付き合いの程度の推移

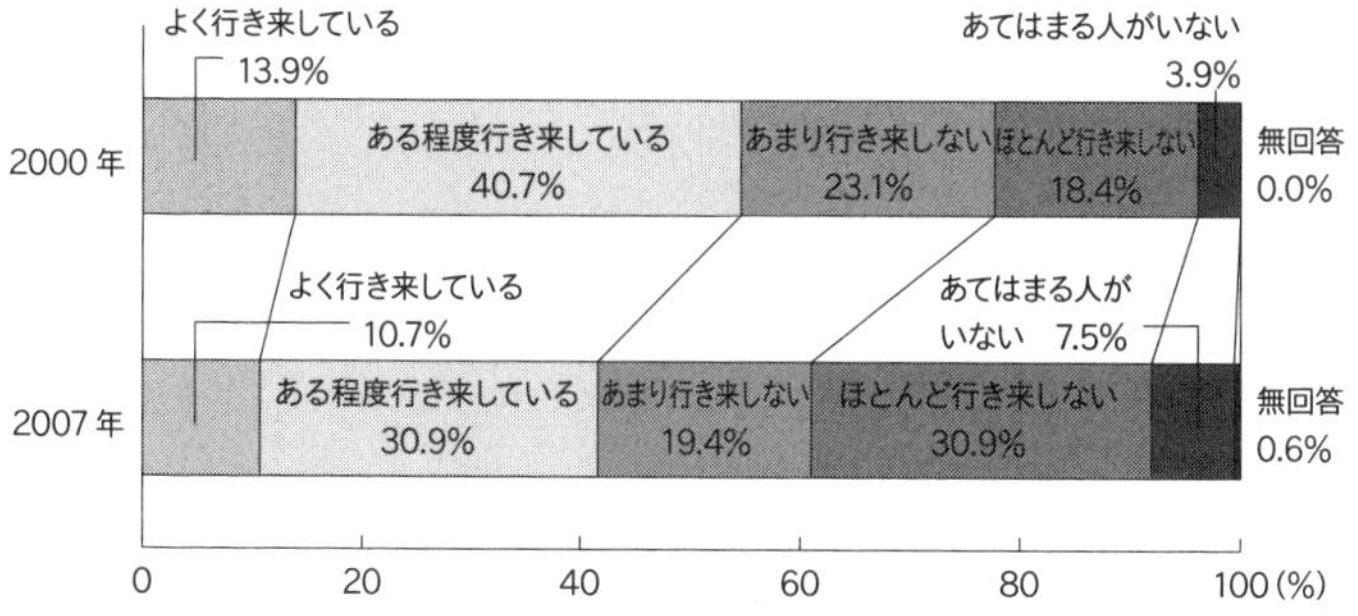

資料：内閣府「国民生活白書」(2007年)「国民生活選好度調査」より

しい地域の環境は子どもの「貧困」を助長すると考える。

地域に10代の居場所を！

少子化対策が大きな社会的課題になり、地域で「子育て支援」の取り組みが増えてきた。乳幼児対象のサービスや遊び場所が充実し、小学校低学年などを対象としたイベントが身近な場所で行われるようになった。

しかし、年齢が上がるにつれて、そのような機会が減る傾向がある。中学生・高校生など10代になると、学校や塾以外で、地域に参加する機会や「溜まれる場所」がほとんどなくなる。このことは、不登校や、塾へ通えない子どもの場合は、地域の居場所は家だけになることを意味する。日本の子どもの貧困率は13・9%

居場所の数と生活の充実度

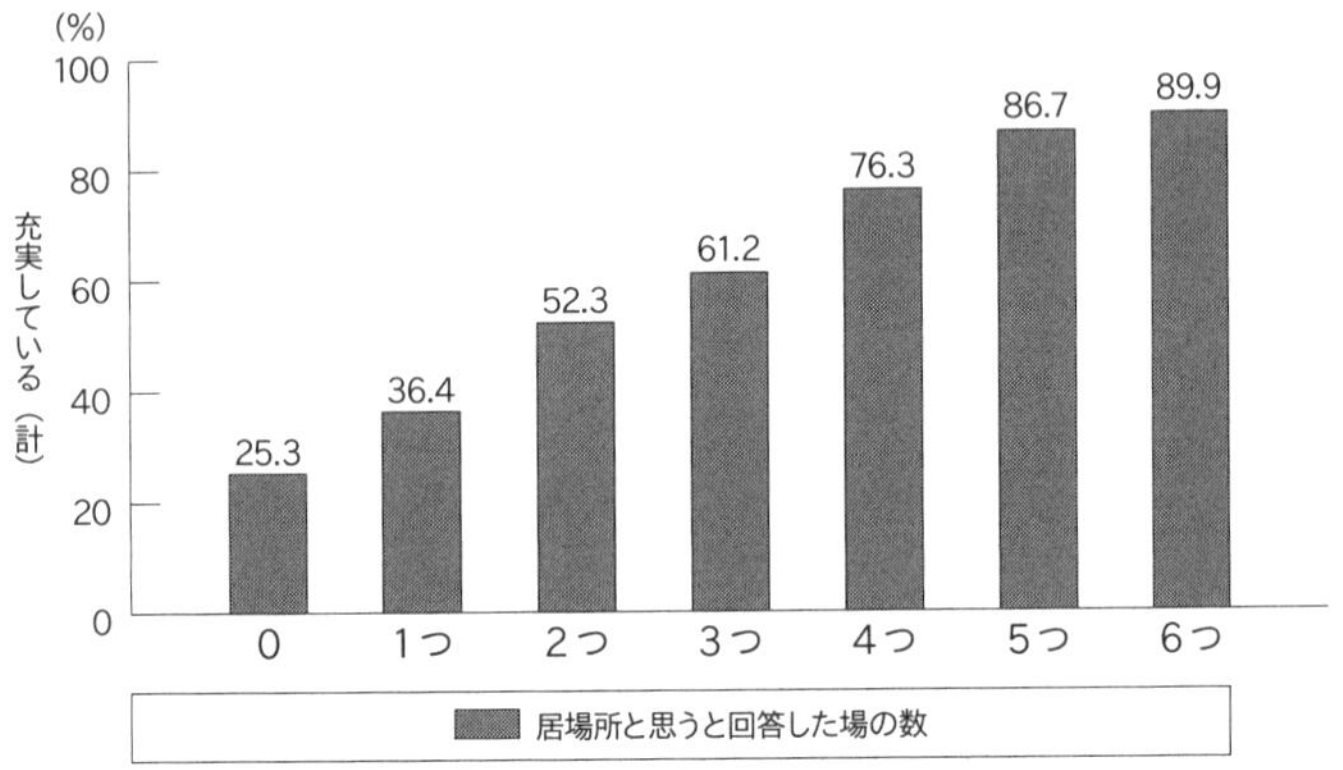

資料：内閣府「子供・若者の意識に関する調査」（平成28年12月、全国の15～29歳までの男女）

（2015年）と、17歳以下の子どもの約7人に1人が経済的に貧困な状態にある。1割を超える子どもが支援を必要としている。

10代の子どもの居場所・学びの場として無料塾の需要はかなり大きい。

子どもは地域の「かすがい」

ある男性スタッフが「バスの中で女子高校生にあいさつをされた。驚いて、顔をよく見たら卒塾生だった」と嬉しそうに話していた。「ひこざらす。」の学生も、「コンビニでバイトしていると塾生が買い物に来て、あいさつをしてくれる」「卒塾した男子高校生が自転車で走りながら、頭を下げ、声をかけてきた」などと話してくれる。

塾生の保護者とも日常の連絡や面談などの話

す機会を通じて、少しずつ信頼関係ができ、イベントの手伝いをお願いできる関係ができてきた。子どもの居場所・学びの場である「ひこざ」の活動が多世代のつながりをつくり出す。子どもが地域の「かすがい」として多くの人を結び付けている。

「素人でも大丈夫なの？」

「学習支援」はプロでなくても大丈夫

「子どもの貧困」を何とかしたいと、地域で子ども食堂を立ち上げる動きが大きくなっている。「調理の手伝いならできるから」と、支援ボランティアとして名乗りを上げるハードルは高くないようだ。一方、学習支援については「勉強は苦手だったので、教えるなんて無理」という人が多く、教育関係者から「教育は素人ができることではない」などと言われるとますます腰が引けてしまう。

無料塾の学習支援を「学習の手伝い」ボランティアと考えるとどうだろう。身近な子どもに、「宿題が分からない」と言われ、「どれどれ」と一緒に考えた経験がある方は少なくないはずだ。問題が解けたときは教えられる側、教える側共に「やった！」と喜び、共同作業でつながりが深くなったと感じるだろう。

　解けなかったときでも一緒にあれこれ検討したことは記憶に残る。自分でもうちょっと考えてみようかなというきっかけになったり、後になって突然解き方に気づく手がかりになったりする。「自分には頼れる人がいる」という安心感が学習を諦めないという気持ちの支えにもなる。

　「ひこざ」の学習支援はまさにこの「学習の手伝い」を1対1の担当制でやっているのである。苦手だった教科が好きになったり、テストの点数が上がったりして塾生と支援者が一緒に大喜びしているのをよく見かける。素人の「学習の手伝い」は想像以上の効果があると実感している。

「学習の手伝い」は想像以上の効果がある

規則は必要に応じて

子どもの集団には規則が必要、なければ秩序が保てないのではないかと多くの人は考えがちだ。その最たるものとして校則がある。たくさんの子どもが集う学校に校則が必要であることは否定しないが、必要性・合理性を疑うような項目があることもある。「規則を守らせるための規則」など、規則が規則を生んだ結果ではないかと思う。

「ひこざ」は開設時に塾生に対する規則は作らなかった。そこまで頭が回らなかったというのが本当のところかもしれない。けれども規則を「守らせる」任務は楽しいものでないばかりか、相手の状況を見ようとする視界を遮る「壁」になることがある。

もちろん、規則がなければ何をしてもいいわけではない。小さな無料塾ではお互いに顔が分かるので、気になった言動にその場で声をかけることができる。「危ないよ」「迷惑だよ」「失礼だよ」などと理由を伝えて制止する。そのほうが「規則だからダメ」と言うより素直に受け入れやすいようだ。

「自分の大切な居場所」だと思っていれば、そこで子どもが大きな問題を起こすことはほとんどない。「ひこざ」では開塾4年目にして、通塾時の安全対策として退塾時間についての規則を作ったが、子どもの言動についての「禁止規則」はない。

くどいようだが、小さな無料塾のスタート段階に規則はなくてもいい。具体的な問題・課題の解決のために必要になってからでいいと思う。

子どものことは子どもに学ぶ

おしゃべりをしているときは上機嫌でも、「勉強しようか」といった途端に「勉強、嫌い！」と言って横を向いたまま、問いかけても答えてくれないことがある中学生がいた。

たまたま、彼女の数学を担当したスタッフが老眼鏡を家に忘れてきて「字が読めないので、問題を声に出して読んでね」と言うと、彼女はさも嬉しそうに大笑いした後で「ダメねぇ」と上から目線の発言。

しかし、不思議なことにその日の学習は実に充実したものになった。彼女に問題の内容を何度も聞きながら、スタッフがたどたどしく説明するのをちゃんと受け入れ、根気よく取り組んだからである。期せずして、共同作業で問題に取り組んだことが良かったのだろう。

学習支援というと、「教える人」から「教えられる人」への一方向の学習をイメージしがちだ。これは教える側はいい気分でも、教えられる側は受け身で面白くないと感じることがある。そんなことに気づかされた出来事だった。

スタッフや学生が促しても塾生がなかなか学習に取りかからないときは、気分がすぐれなかったり、気がかりなことを抱えていたりすることが多い。そのようなときは「体調、悪い？」「何かあった？」と話しかけるところから学習時間が始まる。

「花のことは花に聞け」という言葉があるが、子どものことは子どもに学びたいものである。子どもに学ぶことは、同じ目線で「寄り添う」ことから始まると思う。

「地域で本当にできるの？」

地域の理解を求める

「ひこざ」の開設に先立って「無料塾を必要としている子どもに情報を届けたい」と、児童福祉に関わる身近な行政窓口、地域組織・団体へ、趣意書などの資料セット、塾スペースの「お披露目会」の案内を持ってあいさつに行った。

1か月後の「お披露目会」には、近くの児童養護施設の学習指導担当職員、学生2人、地域住民3人、発起人5人と、11人が集まった。その場で、児童養護施設から子どもの受け入れ希望が出されたり、学生とボランティア募集の役割分担が決まったり、「ひこざ」は緩やかに動き出した。

「ひこざ」の最初の塾生は、桜区役所の福祉課から紹介された中学2年生の女子だった。開設のあいさつに持参した「ひこざ」の資料が課内で共有され、活用された結果である。設立間もないころ、社会福祉協議会から「赤い羽根共同募金助成」への応募を助言していただき、助成金で控室の改造ができたのもありがたいことだった。

地域の理解に支えられて、「ひこざ」の活動が続いている。無料塾を始めるにあたっては、地域の行政や団体、施設などに告知やあいさつなどを行うと、理解と協力が得られやすいと思う。

地域は人材の宝庫

無料塾で最も大きな資源は「ひと」である。「無料塾」を説明すると、ほとんどの人は「いいね」「頑張って」と賛同してくれる。「子どものためなら」「できることだけなら」と言いながら無償ボランティアとして参加してくれたり、「何もできないけれど、気持ちだけ」と寄付をしてくれたり、「不用なので使ってください」と備品などを持ち込んでくれたり、多くの方が様々な形で参加してくださったのは嬉しい驚きだった。

中でも、若い人のボランティア参加は「ひこざ」の宝だ。埼玉大学前という地の利で、初年度からたくさんの学生が参加してくれた。たとえ大学が近くにない地域でも大学生や高校生はいるはずだ。ボランティア募集に「大学生」「高校生」の参加を積極的に呼びかけてみてはどうだろうか。最初は塾生が一人でも、楽しいところと分かれば友だちを連れてきてくれるなど、次第に増えていくと思う。

話を聞いてくれそうな人には臆せずに声をかけてみよう。「ひこざ」では、活動内容を伝える通信の発行、ホームページの作成など、多くの人を対象にした間口の広い、情報発信を続けてきたことも効果があった。

活動スペースを確保するには

無料塾開設にあたっての大きな課題は活動スペースの確保である。「ひこざ」は埼玉大学前という好条件のスペースを無料で提供していただき、スタートすることができた。

知るかぎりで「地域型の無料塾」の活動場所は、公民館などの公共施設が多いようだ。利用料が安い、または無料というメリットがある反面、活動場所が固定できない不便さがあり、主催者は苦労されている。

都市部では公民館などの市民利用率は高く、抽選で決定するために希望の施設が必ずしも利用できる保証がない。抽選の結果では、開塾場所が点々と変わることになる。事前に塾生に開塾場所を連絡するスタッフの手数もさることながら、慣れない場所への通塾の安全性も心配である。

地域には案外使われていないスペースは多いものである。自治会やマンションの集会所、空き家・空き店舗など、子どものいる場所に近く、無料塾に理想的なスペースがいろいろある。

「ひこざ」があるさいたま市桜区で「地域型の無料塾」といえる活動が2か所で始まった（2018年）。1つは、新開《しびらき》地域の自治会集会所を開放した「みんなの広場」という子どもの居場所である。毎月1回、利用料無料で、自治会が運営している。

もう1つは、白鍬地域の〝BAOBAB〟というレストランの夜間スペースで、埼玉大学の学生有志が運営している。「ひこざ」の無料塾活動に賛同して店主からスペース提供の申し出を受けてスタートした。

地域型の無料塾は「子どもの貧困」解消を根底にした地域コミュニティづくりの活動である。本来ならば自信を持って空きスペースを「使わせてください」とお願いしたいところだが、法人格もない小さなグループでは、オーナーの信頼・理解を得ることは大変難しいのが実情である。

そこで地方自治体にぜひとも一肌脱いでいただきたいと思う。公共施設の市民利用を優先する制度作り、自治会やマンションの集会所の活用支援、空き家・空き店舗など民間施設を活用したスペース作りなどの事業実施をぜひともお願いしたい。すでに前例として、空き家・空き店舗など民間施設を活用した住民参加型の高齢者ふれあいサロンやミニデイサービスが行われている。そうした空きスペースの活用が進むことで、無料塾立ち上げのハードルもぐっと低くなると思われる。

「無料で続けられるの？」

「ひこざ」の運営費

結論から言うと「ひこざ」の運営費は助成金、寄付、会費で賄っている。人件費やスペースの賃料がないので運営費の負担が軽くて助かっている。

塾生が20名程度だった2015年度の支出は約45万円。内訳は光熱費13万円、おやつ代が9万円などである。学生用のおにぎりはスタッフが自腹で差し入れていたので経費に入っていない。テーブル・机、食器棚などの備品、カップ・お盆などの雑貨なども、発起人が持ち寄ったり、近所の方が譲ってくださったりして揃えたので、実質的な初年度だったが、大きな出費はなかった。

収入は寄付金が13万円と大きい。「無料じゃ大変でしょう」「少しだけど応援させて」「頑

無料塾「ひこざ」の収支（2015年4月1日～2016年3月31日）

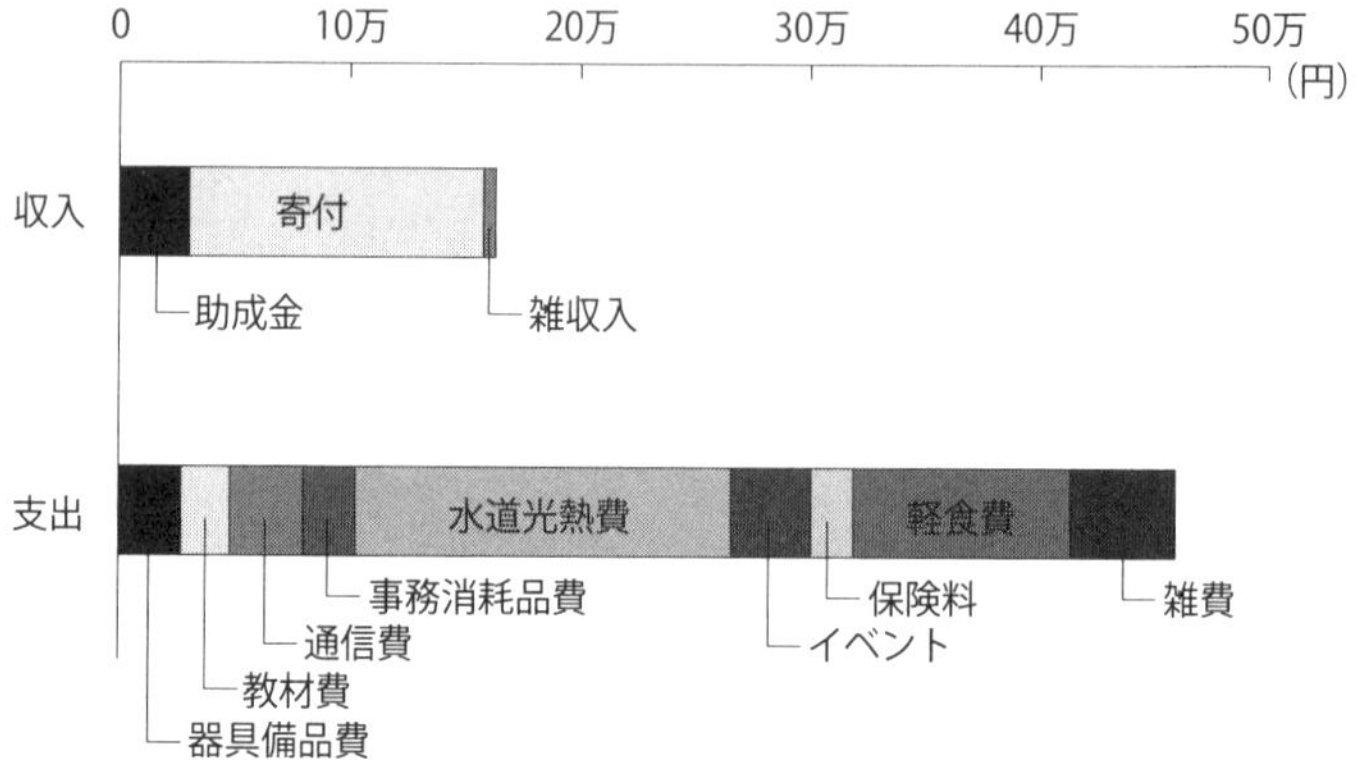

張ってください」などのメッセージとともに多くの方々から寄せていただいた。毎月定期的にお金を届けてくださる方もいた。赤字の30万円は、発起人の1人が立ち上げ時に提供した資金で賄った。

運営費の助成が必要

全国的に「子ども食堂」が広がっている。この流れを受けて、地方自治体による「子ども食堂」への支援が始まった。「ひこざ」のあるさいたま市では２０１７年度から「さいたま市子どもの居場所づくり事業（多世代交流会食）」を実施している。

この事業は地域社会の中で子どもたちが様々な世代との交流を通じて、健全に成長できる環境づくりを推進することが目的だ。そのために市内で会食を実施する団体などに対し、食材費などの経費の一部を助成している。

しかし残念なことに、「ひこざ」は「地域社会の中で子どもたちが様々な世代との交流を通じて、健全に成長できる環境づくり」を行っているが、「会食」を実施していないために対象になっていない。

「ひこざ」の経験から言うと、地域型の無料塾の運営にあたっての必須経費は「教材費（コピー代含む）」「通信費（電話代が大きい）」「水道光熱費」「保険料（ボランティア保険・塾保険）」である。積み上げると年間約50万円前後で、毎年度ほとんど同じだ。

「50万円」は会費・寄付など個人の厚意だけで集めるにはハードルが高い金額である。そのため「ひこざ」は生協などの地域組織・団体の助成金で支えられてきた。しかし、助成金はいろいろあっても、運営費を対象にする助成が少ないこと、同じ組織・団体からの助成は回数制限があることなど、いつまでも頼っていられない現状がある。会費、寄付の拡大など独自資金の確保が目の前の課題としてある。

困難を抱える子どもも元気になる地域型の無料塾、その有効性は「ひこざ」の取り組みを通して確認できている。同時に無料塾は子どもを「かすがい」にした地域コミュニティづくりの場でもある。「子どもの居場所づくり事業」の対象を地域型の無料塾にまで拡大するなど、地方自治体の運営費助成を切に期待している。

「ひこざ」を動かし続ける資源

開塾日。学生もスタッフも意気揚々と出かけてくる日ばかりではない。「疲れた」「今日は休みたいな」などと思いながら、「塾生が待っている」「当番だから」と重い足を運ぶ日もある。しかし、一歩「ひこざ」に入ると、不思議に気持ちが晴れ、元気になる、やっぱり来て良かったと感じる。これが「ひこざ」を動かし続ける一番の資源だ。

最後に「ひこざ便」Ｎｏ・24（２０１８年8月発行）に掲載した「『ひこざ』の運営資源」を引用したい。

県共助社会づくり課主催の「ファンドレイジングセミナー」で「ひこざ」の取り組みを報告する機会を得た。ファンドレイジングとは？　調べてみると「ＮＰＯが活動する上で必要となる資金を集めること」「各種財源の獲得の取り組み」とあった。「資金」を「運営資源」（「ひと」「もの」「かね」）と拡大解釈すると「ひこざ」の特徴が見えてきた。「ひこざ」の重要な運営資源は「ひと」と「もの」、この２つを中心にして報告しようと決めた。

セミナーでは、「ひと」は「ひこざらす。」の無償ボランティア活動と地域住民の参

加、「もの」は塾スペースの無料提供と地域からのお菓子やラーメンの差し入れを紹介した。

セミナーが終了し、肩の荷が下りた気分の帰り道、もう1つ重要な運営資源を忘れていたことに気がついた。子どもたちだ。元気に「ひこざ」へ通ってくる塾生だ。楽しそうな笑顔と真剣に学ぼうとする姿だ。一番肝心の資源を伝え忘れたことにガッカリした。

遅まきながら、今、改めて書いておきたいと思う。

「勉強が分かるようになって楽しい」「ひこざへ来るのが楽しみ」「教師になりたいと思うようになった」「埼大生になりたい」などと語る子もいれば、「おやつのお金、大丈夫?」と心配してくれる子もいる。子どもたちの楽しそうな様子を見聞きするだけで十分に元気をもらうが、このような声を聞くと背筋が伸びる。

「ひこざ」を動かし続ける一番の資源は子どもたちだ。

（副代表理事　雛元聖子）

おわりに

２０１９年の3月末、「ひこざ」の第４回卒塾式が開かれた。今年の卒塾式は、13名の中学3年生に加えて、「ひこざらす。」の大学４年生、大学院生20名の卒業のお祝いも兼ねており、50名を超す人が参加したとてもにぎやかなものだった。

式後は交流タイムを設け、塾生も学生も何気ないおしゃべりに花を咲かせ、皆柔らかい笑顔で時間を過ごした。「ばいばい、またね」「時間が空いたらまた来ます」と、巣立っていった塾生・学生たちはそう言って、「ひこざ」での再会を望んでいた。気が向いたらでいい、何か不安や悩みを抱えたときでもいい、ちょっと一息つきに、暇つぶしに、懐かしい場所を訪ねに。「ひこざ」を卒業していった塾生も学生もまたふらっと訪れたくなる、そんな場所であり続けたいと強く感じる式であった。

実は、第４回卒塾式のこの日、嬉しい来訪者があった。第１回卒塾生の松島さんが顔を見せに足を運んでくれたのだ。松島さんは、この春高校を卒業して就職したとのこと。「ひこざ」に通っていた生徒が高校を卒業し、もう社会人になっていた。月日が流れるのは本当に速いと感じる。卒塾生の成長の速さに驚きつつも嬉しい報告であった。

4期目の卒塾生の門出を祝い、今年（2019年）で設立から5回目の春を数える。開設時からつきあってくれた学生たちも新たなステージへと進んでいき、「ひこざ」もまた変わっていく。4月、長い春休みが明け、静かだった大学もまた人で活気づく。新しい「ひこざ」を一緒に支えてくれる新入生を獲得するため、「ひこざらす。」の新歓活動が始まった。見学に来た学生たちにくつろいでもらおうと、塾生たちも協力してくれる。普段は学生とはあまり絡まない塾生が、緊張している学生たちをトランプに誘う。慣れない学生をリードしようと、普段はすぐに開こうとしない問題集を進んで開く塾生。とても頼もしい姿である。こうして、また新年度を迎えた。

今、社会は大きく変化し続けている。ＡＩやロボットなど、教育の中で必要とされるものも変わってゆくが、世代を超えての人と人との触れ合い、お互いに働きかけ合う「ひこざ」のような存在は、やはりこれからも必要とされるのではないだろうか。

私たちは、無料塾「ひこざ」を大きな塾へと発展させていこうとは考えていない。無料塾のような取り組みへのニーズはそれぞれの地域にある。そして、それらのニーズは地域住民たちが少しずつ力を寄せ集めることで解決できるはずである。各地域に子どもたちが安心して学べる居場所が増えたらいい。それがこの本の願いだ。

本書の刊行にあたって、多くの方にご支援とご助力をいただいた。
なかなか原稿を書き進めることができず、見通しが立てづらい状況の中、それでも辛抱強く支えてくださったさわらび舎の温井立央さん、温井さんを紹介してくださった埼玉県共助社会づくり課担い手支援の藤井美登利さん、本の出版という初めての挑戦に右も左も分からなかった私たちに、何度も的確なアドバイスをくださった埼玉県よろず支援拠点コーディネーターの横山典子さんに心から感謝したい。

また、2016年、2017年と2年間に渡って助成くださった中央ろうきん社会貢献基金、クラウドファンディングによる出版費用の捻出に知恵と時間を提供してくださった小泉篤史さん、FAAVOの遠藤寛之さんにも感謝の意を表したい。

「ひこざらす。」の顧問でもある埼玉大学教育学部教授安藤聡彦先生には、お忙しい中、とても心強い稿を寄せていただいた。この場を借りてお礼を述べたい。

出版資金として、温かいご支援と応援を与えてくださった「2018年中央ろうきん助成プログラム」と58人の方に感謝を申し上げる。以下、掲載許可をいただいた方のお名前を列記させていただく。

荒川海、安藤聡彦、井澤美佐子、石川金次、岩間恵子、榎本翼、大澤雅子、大塚康子、大西鈴子、岡崎徹、角田道生、片野親義、株式会社ミリアッシュ 竹谷彰人、川島秀司、槻の森太郎、剣持留雄、小林初枝、小林みさ、崎谷友里、佐藤努、佐藤友造、鈴木貫一、関健一、関文子、竹部由香、田中健一、谷中照枝、出口研介、照井良喜、鳥居峰夫、中村研一、中村裕之、花まる学習会いもいも代表 井本陽久、浜中照明、浜中恵美子、日詰暁、雛元昌弘、松浦ひろみ、三門信也、望月亜紀子、森本智子、安川操、山崎栄慈、山田英明、吉井加奈、らーめん梵'S（50音順）

最後になりますが、この本を手に取ってくださっている読者の皆さまに心よりお礼申し上げます。

無料塾ひこざ　代表理事　角田眞喜子

2019年6月

無料塾ひこざ

資料

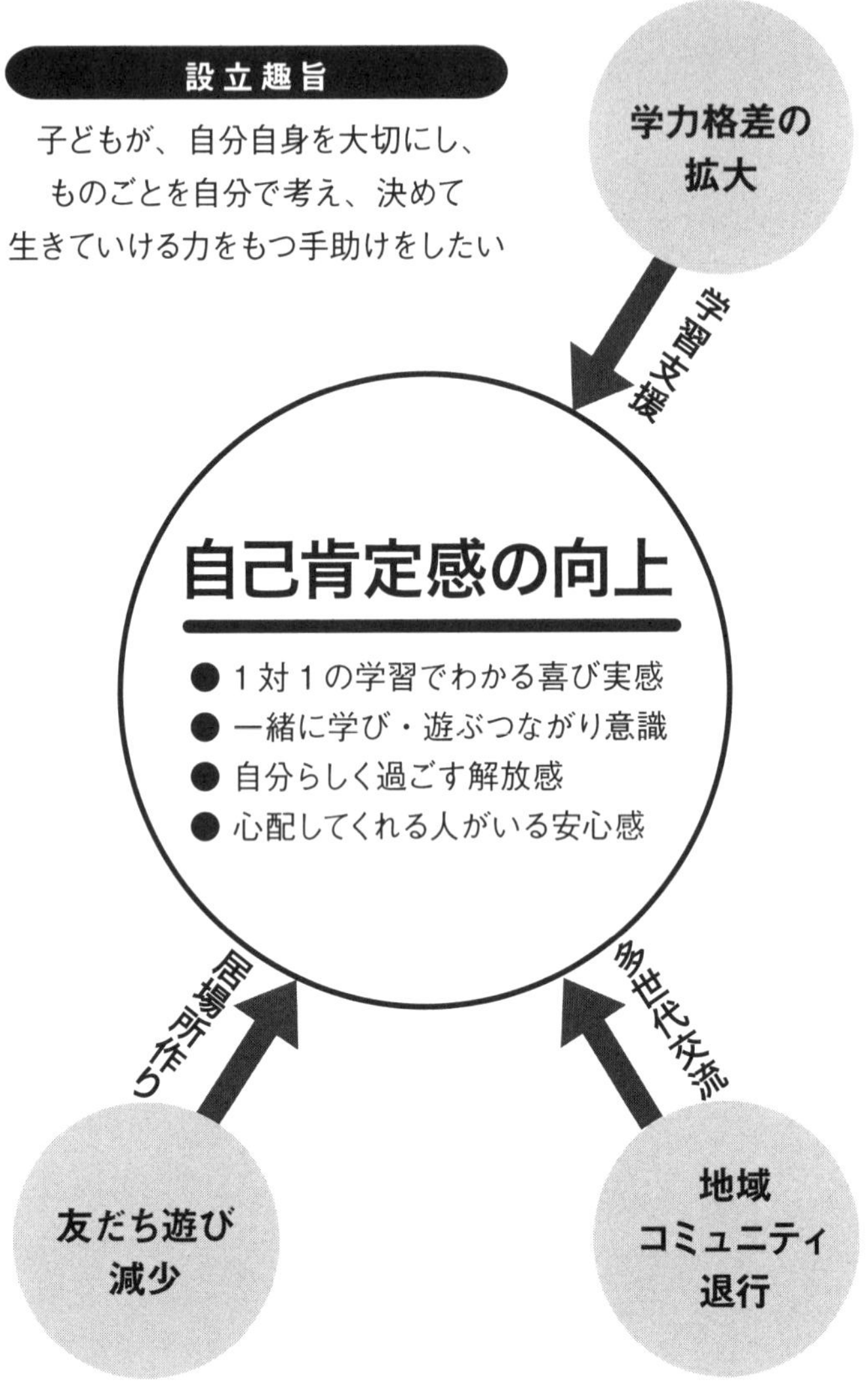
設立趣旨
子どもが、自分自身を大切にし、
ものごとを自分で考え、決めて
生きていける力をもつ手助けをしたい
学力格差の拡大
学習支援
自己肯定感の向上
● 1対1の学習でわかる喜び実感
● 一緒に学び・遊ぶつながり意識
● 自分らしく過ごす解放感
● 心配してくれる人がいる安心感
居場所作り
多世代交流
友だち遊び減少
地域コミュニティ退行

設立趣意書

無料塾「ひこざ」設立趣意書

子どもは親の宝であり、社会の宝です。健やかな心と身体をはぐくめるよう教育を受け、豊かな環境で育つ権利がすべての子どもにあります。

すべての子どもの学ぶ権利を守るために「経済的な困難などの問題を抱える子どもの居場所・学びの場をつくりたい」と考える地域の人が集まって、大久保の地に、無料塾「ひこざ※」開設の取り組みを始めました。

無料塾「ひこざ」では、子どもが、自分自身を大切にし、ものごとを自分で考え、決めて生きていける力をもつ手助けをしたいと願っています。

無料塾「ひこざ」は、利用するこどもの経済的負担をゼロにするために、利用料無料で運営する学習塾です。無料塾「ひこざ」を誕生させ、育てていく資金は、我々発起人はじめ、皆様からの温かい善意で成り立ちます。

以上の趣旨を踏まえ、無料塾「ひこざ」へ、みなさまのお力添えをなにとぞよろしくお願いいたします。

平成26年10月23日

無料塾「ひこざ」設立発起人
代表　角田眞喜子
森本智子
石川　巖
榎本文夫
雛元聖子

※「ひこざ」は、開設の地「大久保」に因んで、「大久保彦左衛門《ひこざえもん》」の「彦左」から命名した。「大久保彦左衛門」は江戸時代初期の旗本、大名になることを固辞し、「天下の御意見番」として家康につかえたと言われる。

入塾申込書

無料塾「ひこざ」入塾申込書

面接日時：20　　年　　月　　日

対応者：

本人氏名（フリガナ）	（　　　　　　　　）
性別	男　　　　　　女
住所	
学校名	
学年	
保護者氏名（続柄）	（　　　　）
連絡先電話番号	
メールアドレス	
緊急連絡先（日中連絡） 緊急休業等の連絡	
入塾を希望する理由はなんですか。	
当塾をどのように お知りになりましたか。	□ 当塾のポスター・チラシをみた □ 友人・知人からきいた □ その他（　　　　　　　　）
学習時間・教科・担当	
特記事項	当塾機関紙「ひこざ便」に活動の様子の写真を掲載することがあります。「ひこざ便」はホームページやフェイスブックで公開しています。入塾される方が写真に写ることは許可されますか。 許可する　　　　　許可しない

※申込書は当塾への持参、または郵送でお願いいたします。

※個人情報の取り扱いについては、当塾が責任をもって管理し、本事業以外には使用しません。

※連絡がないまま欠席が3か月続いた場合は退塾として扱います。

生徒募集の案内チラシ

無料塾「ひこざ」学習支援活動

生徒募集

　無料塾「ひこざ」は埼玉大学前にある、子どもが安心して過ごせる居場所です。

　小学4年生～中学3年生を対象に、火曜日、金曜日の 16:00～20:00 に学習支援活動を行います。他の塾や家庭教師について教わっていない方が対象です。

　入会金、授業料は無料です。

　詳細は下記まで、お問合せください。

問合せ・連絡先：角田　×××（×××）××××
森本　×××（×××）××××

無料塾「ひこざ」とは

　子どもは親の宝であり、社会の宝です。健やかな心と身体をはぐくめるよう教育を受け、豊かな環境で育つ権利がすべての子どもにあります。

　すべての子どもの学ぶ権利を守るために「経済的な困難などの問題を抱える子どもの居場所・学びの場をつくりたい」と考える地域の人が集まって、大久保の地に、無料塾「ひこざ」開設の取り組みを始めました。

　無料塾「ひこざ」では、子どもが、自分自身を大切にし、ものごとを自分で考え、決めて生きていける力をもつ手助けをしたいと願っています。

　無料塾「ひこざ」は、利用するこどもの経済的負担をゼロにするために、利用料無料で運営する学習塾です。　（設立趣意書から抜粋）

ボランティア登録申込書

無料塾「ひこざ」　協力員登録申込書

提出日：20　　年　　月　　日

＊印は必須入力項目

＊氏名（ふりがな）		（　　　　　　）
＊住所		〒　　－
＊職業		
＊連絡先電話番号		・ ・
メールアドレス		
＊協力可能内容	活動内容（いくつでも）	学習支援　体験指導　相談・話相手 運営支援（備品整理等）　イベント支援 寄付 その他［　　　　　　］
	活動日（具体的に）	
	活動時間帯	学習支援活動の時間帯（16:00～20:00）
		その他の時間帯
当塾をどのように お知りになりましたか？		□ 当塾のポスター・チラシをみた □ 友人・知人からきいた □ その他（　　　　　　）
無料塾「ひこざ」への希望・質問など、自由にご記入ください。		

※申込書は当塾への持参、または郵送でお願いいたします。

※個人情報の取り扱いについては、当塾が責任をもって管理し、本活動以外には使用しません。

会員募集の案内チラシ

特定非営利活動法人　無料塾ひこざ
会員になってください！！

特定非営利活動法人　無料塾ひこざは、すべての子どもの学ぶ権利を守るために、「経済的な困難などの問題を抱える子どもの居場所・学びの場」を運営している団体です。

平成２７年２月に無料塾ひこざとして開設し、平成２８年８月に特定非営利活動法人として認証されました。

無料塾ひこざは、利用する子どもの経済的負担をゼロにするために、利用料無料で運営しています。運営資源は、会員の方々、地域の皆様からの温かいご支援がすべてです。

正会員・賛助会員を募集しております。ぜひ、多くのかたのご参加をお願いいたします。

特定非営利活動法人　無料塾ひこざ

代表理事　角田眞喜子

☆所在地：さいたま市桜区下大久保８１６（埼玉大学正門前）

☆入会金・年会費：正会員（総会での議決権有り）
入会金　１，０００円、　年会費　１，０００円

賛助会員
入会金　１，０００円、　年会費　１，０００円

☆活動内容：正会員は総会への出席・議決
正会員・賛助会員はひこざ開催の活動等への参加（任意）、運営ボランティア活動（任意）、その他「ひこざだより」を定期的にお届けします。

☆ご入金の方法：「ひこざ」へご持参くださるか、下記の口座へお振込み下さい。

●埼玉縣信用金庫　大久保支店
普通　３３２５５６９
特定非営利活動法人無料塾ひこざ（ﾄｸﾃｲﾋｴｲﾘｶﾂﾄﾞｳﾎｳｼﾞﾝﾑﾘｮｳｼﾞｭｸﾋｺｻﾞ）

●ゆうちょ銀行　（振替口座）
口座記号番号　00280-5-138488
口座名称　　特定非営利活動法人　無料塾ひこざ
ﾄｸﾋ）ﾑﾘｮｳｼﾞｭｸﾋｺｻﾞ

☆その他：口座にお振込みの場合は、お手数ですが、お名前、ご住所、電話番号、e-mail アドレスを hikoza0203@gmail.com までご連絡くださいますようお願いいたします。

☆問合せ・連絡先：TEL　０８０（４７１７）１５３５
（火・金の 16:00～20:00）

「ひこざ」活動記録（2014～2019）

年	月	日	活動内容
2014	10	2	発起人会議
	10	16	発起人会議
	10	23	発起人会議（設立趣意書、規約確定）
	10	30	発起人会議
	11	5	発起人会議
	11	12	発起人会議
	12	2	発起人会議
	12	4	発起人会議
	12	18	発起人会議
2015	1	6	発起人会議
	1	13	発起人会議
	1	21	発起人会議
	1	24	無料塾「ark こども・若者サポートセンター」（国分寺）見学
	1	29	発起人会議
	2	3	お披露目会の開催（参加者：運営委員5人、支援者5人）。まだ生徒はいない
	2	6	運営委員会開催。教科書購入、ボランティアデータベース整備
	2	18	桜区健康福祉部にあいさつ（部長、関連3課長）
	2	24	・深尾久乃さん（中2）の入塾面接。入塾手続き、時間割表、指導記録などの不備に気づき、あわてる ・A4サイズのコピー・プリントアウト（モノクロ）ができる小型複合機を購入
	2	27	学生ボランティア募集の大きなポスターを作製・掲示する。 作成は印刷屋に依頼
	3	3	・深尾 久乃さんの学習支援スタート ・新庄　昇くん（中1）の入塾面接・入塾手続き ・大久保地区社協地域コーディネーター来訪され、「ひこざ」が利用できそうな補助金等の情報提供・助言 ・無料塾「ひこざ」の HP（ホームページ）が閲覧可能に
	3	6	・発達障害についての学習会（於：さいだい交流ひろば、講師：児童養護施設職員）、参加者は12人（発起人5人学生5人、地区社会福祉協議会から2人） ・新庄昇くんの初学習
	3	10	中古ノートパソコン購入
	3	13	第1回運営委員会（以降、NPO法人設立の2016年8月まで毎月1回開催）

年	月	日	活動内容
2015	4	25	機関紙「ひこざだより」創刊 (以降、法人設立まで毎月1回発行、最終号 No.16)
	6	10	・保護者面談がスタート(8月末まで2か月をかけて実施。以降、毎年度、同時期に実施) ・学生支援サークル「ひこざらす。」設立
	7	23	英語サマーセミナー実施
	7	27	
	10		「ひこざ」についての意見アンケート実施(生徒・保護者・支援ボランティア対象)
	10	20	「孤立防止フォーラムｉｎさいたま」で実践報告
	11	13	11月15日の塾外イベントを対象に社会福祉協議会の保険に加入
	11	15	・「ひこざらす。」主催の塾外体験会開催。予定は秋ヶ瀬公園でのスケッチ会だったが、雨天のため大久保公民館で屋内レクリエーションに変更。生徒9人、学生ボランティア8人が参加 ・「ひこざ」スタッフ6人でお弁当をつくり差し入れる
	12	11	運営委員会でＮＰＯ法人設立に向けて作業スタートを確認
	12		損害保険に加入(子どもを対象に塾保険、ボランティア・スタッフは「ボランティア活動保険」)
2016	2	19	県社会福祉協議会広報誌「Ｓ・Ａ・Ｉ」の取材を受ける
	2	27	公立高校入試直前の特別質問タイムの開催
	2	28	公立高校入試直前の特別質問タイムの開催
	3	29	第1回卒塾式(卒塾生6人)
	3	30	第1回ＮＰＯ法人設立準備会開催
	4	9	第2回ＮＰＯ法人設立準備会開催
	4	12	赤い羽根共同募金助成金(681,000円)贈呈式
	5	15	県社会福祉協議会広報誌「Ｓ・Ａ・Ｉ」(5月号)に「ひこざ」が掲載される
	5	23	㈱ＩＴＣ(蓮田)から無料塾設立について問い合わせ
	5	31	久喜市社会福祉協議会から学生ボランティアについて問い合わせ
	5	28	ＮＰＯ法人設立総会を開催
	5	末	赤い羽根共同募金助成金による控室の改修工事終了
	6	1	ＮＰＯ法人設立申請書類提出
	6	17	㈱ＩＴＣから見学者来訪
	7	末	第28回NHK厚生文化事業団「わかば基金」からリサイクルパソコン届く
	8	15	ＮＰＯ(特定非営利活動)法人の認証おりる
	8	19	NHK厚生文化事業団「わかば基金」の取材を受ける
	8	26	サマーセミナー「第1回理科セミナー」開催。学生8人、生徒3人が参加
	8	末	学生の軽食(おにぎり・軽副食)をカフェ「むすび」へ委託開始
	9	1	ＮＰＯ(特定非営利活動)法人の登記終了

年	月	日	活動内容
2016	9	8	第1回事務局会議を開催（以降、月1回開催）。「ひこざらす。」も出席するようになる
	9	13	埼玉県共助社会づくり課から藤井さんらが来訪。県の助成制度説明、キリンビバレッジ㈱、フードバンク埼玉（仮称）からの飲料・お菓子などの提供を手配してもらう
	9	14	フードバンク埼玉（仮称）からジュースやパンの提供を受ける
	9	27	機関紙「ひこざ便」No.1発行（「ひこざだより」を名称変更）。以降、月1回発行
	10	初旬	埼大で学生ボランティア募集チラシ配布
	10	28	キリンビバレッジ㈱からジュースなどの飲料10箱の提供を受ける
	12	3	秋のお楽しみ会開催
2017	1	22	2017年新年会開催
	2	10	第1回編集会議を開催。「ひこざ」4人、「ひこざらす。」2人で構成。以降、月1回開催。最終は2018年4月まで12回開催
	2	17	2016年度生活クラブ助け合い助成（学生軽食などの支援:391,500円）決定
	3	4	医療生協さいたま生活協同組合の「社会貢献に係る助成金」（控室の環境整備支援:10万円）決定
	3	28	第2回卒塾式（卒塾生10人）
	4	初旬	「ひこざらす。」新入生勧誘活動実施（以降、毎年度実施）
	4	25	春の交流会の開催
	5	2	新開第一自治会から見学来訪
	5	2	「中央ろうきん」助成（編集作業支援:30万円）決定
	6	17	第1回通常総会を開催
	6	27	「ラーメン梵S」からラーメン10人分の提供
	7	25	生活クラブ浦和西支部の支部委員4人、見学のため来訪
	8	1	県共助社会づくり課の「地域デビューはじめの一歩プロモーション動画」撮影
	8	8	夏期セミナー「夏休み実験教室～葉脈標本をつくろう!～」（地域の小学生も参加）
	10	27	生活クラブ生活協同組合「市民事業寄付制度」で組合員から寄付（学生軽食費として:275,500円）
	11	12	秋の交流イベント（ラーメン作り体験）
2018	1	20	2018年新年会
	2	15	・2017年度生活クラブ助け合い助成（学生軽食などの支援:397,600円）決定 ・イオン・幸せの黄色いレシートキャンペーン団体に登録決定 ・「ひこざ便」No18に、「ひこざらす。」の「ひこざ」キャラクター「ひこざえもん」が登場
	3	10	コープ未来地域かがやき賞受賞

年	月	日	活動内容
2018	3	30	第 3 回卒塾式（卒塾生 4 人）
	4	24	春の交流会開催（新旧親睦が目的）
	5	8	県「貧困の連鎖の解消」プロジェクトチームの視察
	5	25	「中央ろうきん」助成（出版支援 :30 万円）決定
	6	13	「カフェレストラン　バオバブ」（桜区白鍬）で無料塾スタート
	6	16	第 2 回通常総会
	6	20	第 1 回出版会議を開催。「ひこざ」3 人、「ひこざらす。」2 人で構成。以降、月 1 回開催
	6	30	第 1 回保護者会（全体会）実施
	7	26	県・共助社会づくり課主催ファンドレイジングセミナー「みんなで考える市民活動とお金のはなし」で実践報告
	8	11	教育科学研究会大会「地域と教育」分科会で報告
	9	8	イベント「稲刈り体験」（夏期セミナーの代わりに実施）
	10	30	医療生協さいたま交流会に参加
	11	26	「こども食堂フォーラム ~広げよう　こどもの居場所~」に参加
	12	16	イベント「クリスマス会」（パンケーキづくり、手芸体験）を開催
	12	25	医療生協さいたま・浦和民主診療所職員などの見学来訪
2019	1	19	新年会を開催
	1	29	パルシステム助成金（学生軽食費支援 :24 万円）決定
	3	24	第 4 回卒塾式（卒塾生 11 人）。大学 1 年時から「ひこざらす。」で 4 年間活動したメンバーも卒業
	4	24	出版費用支援クラウドファンディング開始
	5	31	クラウドファンディング終了

※本書は 2018 年中央ろうきん助成プログラムの助成を受けて作成されています

特定非営利活動法人 無料塾ひこざ

〒338－0825
埼玉県さいたま市桜区下大久保816
電話：080－4717－1535
mail：hikoza0203@ g mail.com
HP：http://無料塾ひこざ.jp

子どもが元気になる無料塾
地域型無料塾「ひこざ」の魔法力

2019年8月5日　第1刷発行

編　集　　無料塾ひこざ出版会議
発行所　　さわらび舎
〒335-0003　埼玉県蕨市南町3-2-6-701
tel/fax 050-3588-6458
mail@sawarabisha.com
装丁・組版　草薙伸行（Planet Plan Design Works）
装丁画・本文イラスト　井上文香
印刷・製本　株式会社シナノパブリッシングプレス

ISBN 978-4-9908630-7-4